# Die blödesten Gesetze der Welt

Kuriose Vorschriften, absurde
Klagen und skurrile Urteile

Dr. Roman Leuthner
Alexandra Leuthner

# Die blödesten Gesetze der Welt

Kuriose Vorschriften, absurde
Klagen und skurrile Urteile

Bassermann

ISBN 978-3-8094-3779-6

1. Auflage
© 2017 Bassermann Verlag, einem Unternehmen der Verlagsgruppe
Random House GmbH, Neumarkter Straße 28, 81673 München.

Die Verwertung der Texte und Bilder, auch auszugsweise, ist ohne
Zustimmung des Verlags urheberrechtswidrig und strafbar. Dies gilt
auch für Vervielfältigungen, Übersetzungen, Mikroverfilmung und
für die Verarbeitung mit elektronischen Systemen.

Umschlaggestaltung und Grafiken: Atelier Versen, Bad Aibling
Layout: Sandra Kaletka, Mundelsheim
Redaktion: Marion Schulz, München
Projektkoordination: Birte Schrader
Herstellung: Elke Cramer
Projektleitung: Dr. Margit Roth

Die Ratschläge in diesem Buch sind von den Autoren und
vom Verlag sorgfältig erwogen und geprüft, dennoch kann
eine Garantie nicht übernommen werden. Eine Haftung
der Autoren bzw. des Verlags und seiner Beauftragten für
Personen-, Sach- und Vermögensschäden ist ausgeschlossen.

Satz für diese Ausgabe: kreativsatz, Nadine Thiel
Druck: GGP Media GmbH, Pößneck

Printed in Germany

Verlagsgruppe Random House FSC® N001967

# Inhalt

## 1. TEIL
## DIE VERRÜCKTESTEN GESETZE   10

**Einführung**   11

**Wie Gesetze in der Neuen Welt entstehen und welchen tieferen Sinn sie haben**   14

Warum Bleichgesichter in South Dakota Indianer nur aus einem Planwagen heraus erschießen dürfen **21** _ Warum es in Connecticut Fußgängern verboten ist, im Handstand die Straße zu überqueren **22** _ Born in the USA **24** _ So entscheiden die Gerichte **92** _ Outer Britain **95** _ Asien **97** _ Südamerika **101** _ Afrika **102**

**Verrückte Gesetze der Alten Welt**   103

Da wiehert der deutsche Amtsschimmel **105** _ Europa **124**

**Der Streithansel und die Gesetze**   138

**Schlusswort**   142

## 2. TEIL
## GESETZLICHE KURIOSITÄTEN & BÜROKRATISCHE MONSTER   143

**Einführung**   144

**Verrückte Fußballregeln**   149

Nichts für Nervenbündel **150** _ Handarbeit auf dem Fußballfeld **151** _ Die Färöer-Regel **152** _ Der Baum ist dem Fußballspieler sein Feind 153 _ Der Regen prasselt unaufhörlich hernieder 154 _ Frischfleisch 154 _ Nicht weniger als sieben, nicht mehr als elf!!! 155 _ Der Torraub 156 _ Abseits ist, wenn das Fähnchen hochgeht 157 _ Von der Einsamkeit des Schiedsrichters 158 _ Tod der Punkteteilung! 159 _ Holländische Gladiatorenspiele 160 _ Der Einwurf, das unbekannte Wesen 160 _ Nackte Körper unerwünscht 161 _ Jesus lieben verboten! 162 _ Ein Trikot ist ein Kleidungsstück mit Ärmeln 163 _ Die Schmuck-Regel 164 _ Hurensohn 165 _ Platzverweis 165 _ Pfeffer im Hintern 166 _ Wetten verboten 167 _ Falsches Kreuzchen 168 _ Gotteslästerung? Keine Gotteslästerung! 169 _ Das Fußballspiel ist immer mit Frevel verbunden 169 _ Revanche statt Rote Karte 170 _ Das Unentschieden ist der Wille Gottes 171 _ Überflüssige Schiedsrichter 171 _ Fanausschreitungen erwünscht! 172

## Gurkengesetze von Brüsseler Darwinisten – alles Banane 173

Kurze Rede, gute Rede 174 _ Gurkentruppe 176 _ Zufällige Regelmäßigkeiten 178 _ Alles Banane 179 _ Geistige Genüsse 181 _ Tomatensugo 182 _ Eine Pizza ist eine Pizza ist eine Pizza 184 _ Süßes zum Ersten: Vom Eindicken und Ausscheiden 185 _ Süßes zum Zweiten: Vom Dickwerden und Hinschmelzen 186 _ Des Mannes bestes Stück 187 _ Seehunde auf Sizilien 188 _ Im Schacht 189 _ Allein im Euro-Regel-Land 190 _ Von langen Unterhosen und ästhetischen Einblicken 192 _ Auf der falschen Straßenseite 193 _ Wir reden im SI-System 194 _ Üble News für meine dicke Tante 195 _ Erderwärmung 196 _ Abschied von der Pferdestärke 196 _ Abschied vom Pferd 197 _ Political correctness 199 _ Es leben die Cojones! 201 _ In aller Kürze 202

**Gesetzliche Kuriositäten und bürokratische Monster aus Deutschland** 207

Gesetze sind wie Würste, man sollte besser nicht dabei sein, wenn sie gemacht werden 208 _ Bloß keine Rosstäuscherei 209 _ Vom Auslesen und Spätlesen und Verlesen 210 _ Kommunalrecht 212 _ Landesrecht 214 _ Verfassungsrecht 214 _ Gesetze unter Hammer und Sichel 215

**Namensrecht in Deutsch-Absurdistan** 219

Wenn der deutsche Kevin einen Suri hat und Fanta mit Pepsi spielt 220 _ Namen sollen billig sein 220 _ Allumfassender Einsatz für die Sache Gottes! 222 _ Guttenberg ist nicht Hinz und Kunz 223 _ Tatbestand der Belästigung 223 _ Völlig jeck! 224 _ Mein Sohn heißt Marie! 225 _ Tatbestand der Körperverletzung 226 _ Meine Tochter ist ein Schaf 226 _ Lieber mit Hütchen 227 _ Tiger in der Wiege 227 _ Waterloo für Winnetou 228 _ Extradoof 229 _ Adermann im Birkenfeld oder: Kein Pepsi-Carola für Singh Singh 230 _ Auf ewig Allerheiligen 231 _ Störenfriede vor Gericht! 232

**Namensrecht in anderen Ländern** 233

Fußball zwischen den Ohren 234 _ ZuRechtgedreht 234 _ Brücke in den Knast 235 _ Lichtgestalten auf der Schattenseite 235 _ Bill Clinton abgeschafft 236 _ Erdbeben im Kreißsaal 236 _ Auf immer Weihnachten 237 _ Schöne Hure 237 _ Mein Nachbar heißt Hitler 238 _ Denkmal für einen Massenmörder 238 _ Osama? – Kenne ich nicht! 239 _ Keinen Führerschein – aber heißen wie ein Auto 239 _ Verliebt in einen Roboter 240 _ „Ich nix Rothaut, ich Blue Sox" 240 _ Billy im Bauch 240

**Wunderbar verrückte Gesetze aus aller Welt** 241

**Realsatiren aus zeitgenössischen Gerichtssälen 250**

Warum ich mein Haus nicht verlosen darf, warum ich mein Haus nicht verlosen darf, warum ich mein Haus nicht verlosen darf ... **251** _ Leiche ohne Benimm **252** _ Anwalts-un-wesen **253** _ Halber Hengst **253** _ Teuflische Zwiegespräche **254** _ Teuflische Einflüsse **255** _ Teuflische Machenschaften **255** _ Armdrücken **255** _ Gekennzeichnet **256** _ Brust oder Brüstchen **256** _ Falsche Adresse **256** _ Später Triumph **257** _ Ikea-Elch **258** _ Beleidigte Blondine **258**

**Kurioses aus dem Polizeibericht 259**

Sensationeller Polizeierfolg! **260** _ Ehrlichkeit lohnt sich nicht **260** _ Verirrter Pinkler **261** _ Wütende Wildsau **261** _ Peinliche Verwechslung **262** _ Nackt duschen – nicht ratsam **263** _ Schnäpschen zur Unzeit **263** _ Fleischbeilage **264** _ Unfreiwillige Selbstanzeige! **264**

**Warum der bayerische König neben seinem Bier auch seine Untertanen braucht 265**

Merkel – go home **266** _ Von der Notwendigkeit des Bieres **267** _ Von Hopfen und Malz – der König erhalt's **268** _ Vom Rausch, und wo er herkommt **269** _ Zum Saufen gezwungen **270** _ Bier nur im Winter **270**

**Schluss 272**

# I. Teil
## DIE VERRÜCKTESTEN GESETZE

# Einführung

Wussten Sie, dass sich in Hawaii niemand Münzen in die Ohren stecken darf? Haben Sie davon gehört, dass es in Chicago, im US-amerikanischen Bundesstaat Illinois, strengstens verboten ist, einem Hund Whisky zu trinken zu geben, und dass es in Washington D.C. keinesfalls erlaubt ist, Hasen von Januar bis April zu fotografieren? – Klar, sagen Sie und schmunzeln: Das sind ja auch Gesetze aus Bush-County. Wer will sich nach der Lektüre von Michael Moores aufklärerischen und höchst amüsanten Analysen über die Befindlichkeiten zwischen New York und San Francisco ernsthaft darüber wundern?

Doch Vorsicht! Auch in Good ol' Europe lassen es die Juristen krachen! So ist hierzulande nach wie vor eine Majestätsbeleidigung strafbar und kann nach § 90 des Strafgesetzbuches mit einer Freiheitsstrafe von drei Monaten bis zu fünf Jahren geahndet werden. Hüten Sie sich also, Kaiser Franz und König Otto despektierlich zu begegnen! Das darf nur die Boulevardzeitung mit den vier berühmten Buchstaben. Gefährlich werden können auch die merkwürdigen Phantasien britischer Juristen: So werden im Vereinigten Königreich Eltern von garstigen Kindern belangt, die neugierigerweise unter die Bekleidung von Schaufensterpuppen lugen. Well, einleuchtender ist es da schon, dass es in Schottland dem Besitzer einer Kuh verboten ist, betrunken in einer Kneipe angetroffen zu werden, und dass es in Dänemark vorgeschrieben ist, Pferdekutschen vor herannahenden Automobilen zu warnen.

„Wenn es nicht notwendig ist, ein Gesetz zu machen, dann ist es notwendig, kein Gesetz zu machen."

Mit diesem klugen Satz des französischen Schriftstellers und Staatstheoretikers Charles-Louis de Secondat, Baron de La Brède et de Montesquieu (1689–1755) aus dem Jahr 1748 sollten einst – und auch heute – die Parlamentarier wachgerüttelt werden. Da ist doch etwas Wahres dran, oder?

Wo Sie sich auch aufhalten, in der Neuen oder in der Alten Welt: Überall warten die ungeahnten Fallstricke der Herren in schwarzen Roben und weißen Perücken auf leichtsinnige Bürger, die zur falschen (Uhr-)Zeit und am falschen Ort Häschen fotografieren oder sich gemeinsam mit einer Kuh in ihrer Lieblingskneipe so richtig einen genehmigen wollen.

Sie glauben es nicht, aber Amerikas und Europas Gesetzbücher sind voller verrückter Verbote und Vorschriften, die zum Teil aus vergangenen Jahrhunderten stammen und schlichtweg nicht aktualisiert wurden. Oder sollte es etwa so sein, dass die Zunft der Juristen keineswegs so trocken und bieder ist wie der Ruf, der ihr vorauseilt? Könnte es sein, dass die Autoren unserer sittlichen und rechtlichen Lebensgrundlagen eigentlich richtige Spaßvögel sind – mit einem atemberaubend komischen Humor, der sich uns erst richtig erschließt, wenn wir eingebuchtet werden und hinter „Schwedischen Gardinen" schmoren?

Allerdings gibt es auch einige Gesetze sowohl in der Neuen als auch in der Alten Welt, bei deren Lektüre einem das Lachen auch ganz schnell mal im Halse stecken bleiben kann. Vor allem US-amerikanische Gesetze, die das Schlagen von Ehefrauen zu bestimmten Zeiten erlauben, die Erschießung von amerikanischen Ureinwohnern unter bestimmten Bedingungen gestatten oder sich über allgemein gültige Tierschutzgesetze hinwegsetzen. Manchmal sind diese gesetzlichen Regelungen schon recht bitter. Allerdings bedeuten die Niederschriften im Gesetzbuch nicht immer zwingend, dass diese Fälle heute noch so gehandhabt werden, auch wenn es dort steht. Man kann also noch hoffen ...

Bilden Sie sich Ihr eigenes Urteil! Sie haben mit diesem Buch ein kostbares Schatzkästchen der guten Laune erworben. Unser Tipp: Gönnen Sie sich ein Weekend in New York und setzen Sie sich im Central Park gemütlich auf eine Bank, um die Lektüre zu genießen. Schauen Sie dabei aber nur in Ihr Büchlein und nicht etwa dem anderen Geschlecht hinterher. Denn dann können Sie dazu verdonnert werden, für alle Zeiten Scheuklappen für Pferde tragen zu müssen. Außerdem ist eine Geldstrafe von 25 US-Dollar fällig!

# Wie Gesetze in der Neuen Welt entstehen und welchen tieferen Sinn sie haben

Europäer tun sich schwer, die häufig bizarren und skurrilen Gesetze und Vorschriften im US-amerikanischen Rechtssystem zu verstehen. In Europa, in der Alten Welt, werden Gesetze für gewöhnlich erlassen, wenn zahlreiche Streitfälle zur Überzeugung des Gesetzgebers führen, dass sie Relevanz für die ganze Gesellschaft und für das nationale Rechtsempfinden haben.
In der so genannten Neuen Welt hingegen, also auf den übrigen vier Kontinenten Amerika, Afrika, Asien und Australien, die nur „neu" heißen, weil sie von den europäischen Weltenbummlern spät entdeckt wurden, verhält es sich häufig anders. Besonders Amerika lässt uns staunen! So ist es kaum nachzuvollziehen, dass in Florida ein Staatsgesetz Männern verbietet, Sex mit Stachelschweinen zu haben, und dass in Alabama niemand Pferde mit einem aufgespannten Regenschirm erschrecken darf. Ebenso merkwürdig erscheint uns die Verordnung mit Gesetzeskraft in Florida, die das Pfeifen unter Wasser verbietet oder ein Gesetz der Stadt New York, die Frauen das Tragen von Stöckelschuhen untersagt.
„Haben die denn nichts Besseres zu tun?" oder „Was geht hier denn ab?" möchten wir fragen und schütteln den Kopf. „Yes, Sir!" Wenn es um die Phantasie der Gesetzgeber geht, dann ist Amerika wirklich das Land der unbegrenzten Möglichkeiten und: „No, Ma'am!" – da bleibt kein Auge trocken! Was aber ist denn wirklich der Grund für derartig bizarre Gesetze einer riesigen Nation, die immerhin die erfolgreichsten und technologisch komplexesten Raumfahrtmissionen in den Orbit schickt und das politisch mächtigste und wirtschaftlich stärkste Land der Erde bevölkert?
Es gibt mehrere Gründe: Zum einen stammen viele Gesetze aus dem 19. Jahrhundert, aus einer Zeit also, als der vordem Wilde Westen erobert wurde

und die Vorfahren von Bush und Cheney nicht Iraker, sondern Indianer und Büffelherden dezimierten. Da ritten die Männer noch auf Pferden und trugen den Colt an der Hüfte, und da die US-amerikanischen Gesetzbücher nur höchst selten von ollen Kamellen entrümpelt werden, existieren eben auch heute noch Verordnungen, die sich auf den Mann als Cowboy und Revolverhelden beziehen. Zum anderen, und dieser Grund hat ebenso große Bedeutung, genießt jeder der 50 Bundesstaaten der USA eine relativ große gesetzgeberische Freiheit und darf die überwiegende Mehrzahl aller im jeweiligen Staat gültigen Gesetze selbst erlassen und deren Einhaltung überwachen. Viel Gestaltungsspielraum in der Gesetzgebung kommt selbst den Countys eines Staats, also seinen Bezirken, und den Kommunen zu. Kein Wunder: Das riesige Nordamerika wurde von tatkräftigen und selbstbewussten Pionieren erobert, die eine Stadt gründeten und deren Familien diese zum Teil über viele Generationen beherrschten. Und da die Zentralregierung in Washington oftmals sehr weit entfernt war und man sich vom „Staat" ohnehin nicht gerne dreinreden ließ, schnitzten sich die Pioniere ihre Rechtsordnungen eben selbst. Darüber hinaus orientieren sich die Gerichte oft am vermeintlich gesunden Menschenverstand, da die Geschworenen eine zentrale Rolle in der US-amerikanischen Rechtssprechung spielen. Geschworene sind keine professionellen Juristen, die gewohnt sind, Streitfälle mit rechtstheoretischen Argumenten zu beleuchten. Im Gegenteil: Lieschen (Lizz) Müller und Karl (Charly) Mustermann sprechen ihren Schuldspruch oft auf der Grundlage ihres so genannten „gesunden Menschenverstands", der halt auch nicht immer alles im ausreichenden Maß begreift. Besonders problematisch dabei ist aber, dass aus einer einmal getroffenen Entscheidung eines Gerichts nicht selten sofort ein Präzedenzfall mit

Gesetzescharakter entsteht. Das heißt: Lizz und Charly schreiben Geschichte, zumindest Rechtsgeschichte. Lustig, was jenseits des Großen Teiches alles möglich ist.

Der nächste Grund jedoch scheint beinahe der wichtigste zu sein. Wie heißt es so schön? „Money makes the World go round." Richtig! Sie wissen von den manchmal schier unvorstellbaren Summen, die von Rechtsanwälten zwischen New York und San Francisco zur Regulierung von Schadensfällen erstritten werden. Denken Sie nur an die Dame in Ohio, die sich mit einem Kaffeegetränk einer Fast-Food-Kette das Gesicht verbrühte und 2,9 Millionen US-Dollar Schadensersatz erhielt. Da lacht das Sparschwein! Oder denken Sie an einen Rentner, dem im Lebensmittelmarkt einer Mall eine Dose Senf auf den Fuß fiel: 950 000 US-Dollar! Gewusst wie: Advokaten in den USA haben die Lizenz zum Gelddrucken erfunden – sie raten ihren Klienten, die zu ungeschickt oder zu dumm zum Kaffeetrinken sind oder denen eine Konservendose aus den Händen rutscht, zur Klage.
Denn vor nichts fürchten sich Unternehmen und Konzerne in den Staaten mehr als vor einer schlechten Presse, die ihren wie einen Augapfel gehüteten Namen in Zusammenhang mit Unglücksfällen bringt. Klar, hierzulande würde man das Erpressung nennen, jenseits des Teiches jedoch winkt den Anwälten im Falle ihres Erfolgs mindestens ein Drittel der erstrittenen Summe. Und nichts wirkt doch motivierender als die Aussicht auf einen eigenen Learjet für die Kanzlei. Nachzulesen ist dies übrigens in den ziemlich realistischen Romanen von John Grisham, der, lange Jahre selbst Jurist, genau weiß, wovon er schreibt.
Wir müssen uns deshalb nicht mehr darüber wundern, dass es beispielsweise in Alabama gesetzlich

streng verboten ist, mit verbundenen Augen mit dem Auto zu fahren. Was sagen Sie? Das weiß doch jedes Kind! Na ja, was aber ist, wenn so ein erwachsenes Kind auf den Gedanken kommt, nur so zum Spaß mit einer Augenbinde Auto zu fahren und einen schweren Verkehrsunfall verursacht? Dann nämlich ist ein findiger Winkeladvokat nicht weit, der seinen dummdreisten Mandanten mit dem Argument verteidigt, dieser habe ja nicht wissen können, dass er just dieses Automobil nicht mit Augenbinde fahren dürfe, da das in der Betriebsanleitung nicht explizit ausgeschlossen worden sei. Und, zack: Schon hat der Hersteller eine Klage über zwei Millionen US-Dollar am Hals, die sich, falls er aufmuckt, auch schnell zu einer Sammelklage mehrerer sehbehinderter Fahrer dieses Wagentyps auswachsen kann. Hierin liegt der tiefere Grund, warum der amerikanische Gesetzgeber Gesetze und Verordnungen erlässt, die uns mehr als komisch vorkommen: Es will seine Wirtschaft, die Unternehmen und Betriebe im Land, sowie sich und seine Staatskasse selbst vor den ungerechtfertigten Klagen der Aasgeier in schwarzen Roben schützen. Und schon sind wir wieder in New York, wo Frauen das Tragen von Stöckelschuhen untersagt ist und in Florida, wo man unter Wasser nicht pfeifen darf. Alles klar? Die Stadtväter von New York wollten ausschließen, dass sie noch einmal erfolgreich von einer Lady zur Zahlung einer erklecklichen Summe herangezogen werden könnten, weil die sich die Füße in ihren abenteuerlich hohen Pumps verknackst hatte und dafür den angeblich schlechten Zustand der Straßen verantwortlich machte – und Floridas Oberster Gerichtshof wollte der Raffgier von Angehörigen künftig ertrunkener Badegäste Einhalt gebieten, die den Staat verklagen könnten, weil ihre Dahingeschiedenen angeblich nicht wissen konnten, dass es reichlich ungeschickt ist und ein mitunter fatales Ende nehmen kann,

wenn man versucht, während eines Tauchgangs zu pfeifen. That's it!
Jetzt wissen Sie's.
Aber da ist noch etwas. Etwas ... na ja, sagen wir, etwas Delikates. Es dürfte Ihrer Aufmerksamkeit nämlich nicht entgehen, dass sich eine große Anzahl aller merkwürdigen Gesetze in den Vereinigten Staaten von Amerika mit durchaus schlüpfrigen Tatsachen befasst und überaus sexistisch daherkommt. Was, fragen Sie, ausgerechnet in den USA? Ausgerechnet die mit ihrer rigiden Sexualmoral und ihrem reaktionären Frauenbild? Ja, gerade dort, denn Sie wissen ja, wie das ist: Auf der einen Schulter sitzt das Engelchen, auf der anderen lauert das Teufelchen ...

Keiner beschäftigt sich so intensiv mit dem Teufelchen wie der, der selbst ein kleines Teufelchen ist und keiner beschwört so sehr das Engelchen, der am allerwenigsten ein Engelchen ist. Richtig: Wir haben es nicht selten mit bigotten Predigern, religiösen Eiferern und Puritanern zu tun, die Gesetze wie dieses in Louisiana verfassen, das besagt, dass kein Feuerwehrmann eine Frau aus einem brennenden Gebäude retten darf, die nicht mindestens mit einem Morgenmantel bekleidet ist. Das wäre ja auch noch schöner! Könnte doch der brave Feuerwehrmann vor Scham erblinden vor der Schamlosen, die, im Schlaf vom Feuer überrascht, sich nicht einmal schnell und vor allem züchtig zu bekleiden weiß – wenn sie schon unbedingt gerettet werden will.
Fragen Sie uns aber bitte nicht, um dieses Kapitel abzuschließen, wie das Gesetz entstanden ist, das Sex mit einem Stachelschwein verbietet. Wir wagen es nicht, ernsthaft über die Ursache (und den unglückseligen Verursacher) nachzudenken ...
Gott schütze Amerika!

Doch nicht nur die menschliche Natur soll in den USA in das Korsett der Gesetze gezwängt werden, nein, auch die „unbeseelte" Natur da draußen. So darf der Arkansas River im Bundesstaat Arkansas laut Gesetz keinesfalls höher als bis zur niedrigsten Brücke ansteigen und im Sonnenstaat Kalifornien ist Schnee (nein, nicht Kokain, sondern wirklich das plüschig-gefrorene Wasser!) gesetzlich verboten.

Wir wünschen es den Gesetzgebern, dass sich die Naturgewalten vor dem Hintergrund der globalen Klimaerwärmung und der über viele Jahre verzögerten US-amerikanischen Unterschrift unter das Kyoto-Protokoll zur Verhinderung eben dieser Klimaerwärmung – ja, dass sich die Naturgewalten an die Paragrafen halten.

## Warum Bleichgesichter in South Dakota Indianer nur aus einem Planwagen heraus erschießen dürfen

Die Erklärung dieses Gesetzes dürfte Ihnen jetzt nicht mehr schwerfallen. Oder?
Ganz klar: Es war ein gewisser James Paul Owen, Sohn eines englischen Einwanderers aus Birmingham, der zu Recht als Verursacher dieses Staatsgesetzes aus South Dakota bezeichnet werden kann. Dem Bericht nach war Owen um das Jahr 1880 herum ein schießwütiger und krimineller Rowdy, der nichts so gut beherrschte wie seinen großkalibrigen Colt und auf alles schoss, was nicht rechtzeitig das Weite suchte. So soll sich der Gunman auch eines Tages mit drei oder vier Spießgesellen einen Spaß daraus gemacht haben, eine Gruppe von Indianern außerhalb einer kleinen Ortschaft unter Feuer zu nehmen. Dabei war es ihm jedoch entgangen, dass er und seine Kumpane von weiteren Indianern, die ihren Gefährten zu Hilfe geeilt waren, umzingelt wurden. Owen und die anderen Bleichgesichter wurden erschossen, einzig der von der Plane gut gedeckte Heckenschütze auf einem Planwagen überlebte.
Noch Fragen?

# Warum es in Connecticut Fußgängern verboten ist, im Handstand die Straße zu überqueren

Wir müssen einräumen, dass wir weder den Verursacher noch die tiefere Ursache dieses Gesetzes aus Connecticut kennen. Dennoch wagen wir die Formulierung von vier Hypothesen, von denen wir behaupten, dass zumindest eine mit nahezu hundertprozentiger Wahrscheinlichkeit zutrifft.
1. In einem Land, in dem Megastädte wie New York oder Dallas beinahe täglich von Dinosauriern, Riesengorillas, blutrünstigen Insektenschwärmen, haushohen Spinnen und autobahnlangen Anakondas heimgesucht werden, kann es durchaus auch Menschen geben, die es einfach witzig finden, Straßen notorisch im Handstand zu überqueren. Da das aber gefährlich werden könnte, wenn wieder einmal ein Überfall von Dinosauriern und anderen Bestien droht, muss es verboten werden.
2. In einem Land, in dem es ganz gewöhnlichen Leuten wie dir und mir von heute auf morgen einfallen kann, sich wie wild mit Big Macs und Doppelwhoppern vollzustopfen oder sich 20 Jahre lang die Haare aus den Nasenlöchern wachsen zu lassen, um als der dickste Mensch der Welt oder als „Homo sapiens"-Exemplar mit der schönsten Nasenlochfrisur ins Guinness-Buch der Rekorde einzugehen, kann es durchaus sein, dass Leute die Überquerung der Straßen im Handstand trainieren. Das aber kann wegen des Fließverkehrs gefährlich sein und muss deshalb verboten werden.
3. In einem Land, in dem allen erdenklichen Arten der Körperertüchtigung gefrönt wird und alle ständig auf der Suche nach neuen Sportarten sind, die einmal zur Olympischen Disziplin werden könnten, kann es

durchaus sein, dass man es mit der Überquerung von Straßen im Handstand versucht. Selbstverständlich dürfen die Gewinner von Gold-, Silber- und Bronzemedaillen auf dem Siegertreppchen dann auch nur im Handstand posieren.

4. Vielleicht war es aber auch so, dass ein gewisser Robert Miller oder Steve Craig irgendwann eine bierselige Wette mit Freunden abgeschlossen hatte und wettete, dass er am nächsten Tag die Straße ebenso schnell im Handstand überqueren konnte, wie andere per pedes. Und Miller oder Craig überlebte die Einlösung der Wette nicht ...

Wie dem auch sei: Die honorige Gesetzgeberschaft in Connecticut hielt es jedenfalls für erforderlich, derart gefährliches und liederliches Treiben für alle Zukunft zu verbieten.

# Born in the USA

## Es menschelt: Männer und Frauen

### Alabama

- § Auch in Mobile, nicht nur in New York, ist es Frauen grundsätzlich untersagt, Schuhe mit hohen Absätzen zu tragen.
- § Männern ist es gesetzlich verboten, in Anwesenheit von Frauen auf den Boden zu spucken.
  *Da muss es aber Ausnahmen geben: Bei Konzerten der berühmten Rockband Lynyrd Skynyrd wird gespuckt, dass es eine wahre Freude ist.*
- § Ebenso verboten ist es Männern, einen falschen Schnurrbart zu tragen, wenn dieser Kirchenbesucher zum Lachen verleiten könnte. *Herrgottsakrament: In der Kirche wird schließlich nicht gelacht!*

### Arizona

- § In Tuscon ist es Frauen per Verordnung verboten, Unterhosen zu tragen.
- § In Tombstone hatten die Stadtväter schon immer Sinn für Ästhetik. Hier ist es Männern und Frauen über 18 Jahren gesetzlich untersagt, ihren Mund zu einem Lächeln zu öffnen, wenn dabei mehr als ein fehlender Zahn sichtbar wird.

### Arkansas

- § Hier darf ein Ehemann nach einem Gesetz seine Frau schlagen, allerdings nicht öfter als einmal im Monat.

### Florida

- § Männern ist es in Miami verboten, sich in der Öffentlichkeit in einem Morgenmantel ohne Gürtel sehen zu lassen.

§ Grundsätzlich ist es Männern verboten, sich mit einer sichtbaren Erektion in der Öffentlichkeit blicken zu lassen.

§ Weiblichen Singles und geschiedenen oder verwitweten Frauen wird verboten, an einem Sonntag Fallschirm zu springen. Unverheirateten Frauen, die dennoch springen, droht Geldstrafe und/oder Gefängnis.

§ Frauen, die unter einer Trockenhaube einschlafen, können mit einer Geldstrafe belegt werden. Alternativ kann die Strafe aber auch den armen Coiffeur treffen.

### Idaho

§ Wenn ein Mann seiner Angebeteten eine Pralinenschachtel überreicht, die weniger als 50 Pfund wiegt, ist das verboten.

### Illinois

§ Alle unverheirateten Frauen haben männliche Junggesellen mit „Meister" anzureden. *Ouups!*

### Iowa

§ In Ottumwa ist es jeder männlichen Person untersagt, innerhalb der Stadtgrenzen einer ihr unbekannten Frau zuzuwinken.

### Kalifornien

§ Frauen, die mit einem Hausmantel bekleidet sind, dürfen nicht Auto fahren. Wahrscheinlich soll verhindert werden, dass Frauen lediglich mit einem Hausmantel fahren.

§ In Los Angeles darf jeder Mann seine Frau mit einem Lederriemen schlagen, vorausgesetzt, der Riemen ist nicht breiter als zwei Inches (1 in = 2,54 cm). Benutzt er einen breiteren Riemen, bedarf es der vorherigen Erlaubnis seiner Ehefrau. *Ob sie wohl einverstanden ist?*

## Kansas

§ Hier in der Stadt Wichita wird die Misshandlung eines Mannes durch seine Schwiegermutter nicht als Scheidungsgrund anerkannt.
*Drum prüfe, wer sich ewig bindet ...*

## Kentucky

§ Ohne Begleitung seiner Frau darf in diesem Bundesstaat, in dem der Goldschatz der USA in Fort Knox bewacht wird, ein Mann sich nicht einmal einen Hut kaufen.

§ Keine Frau darf in einem Badeanzug einen Highway des Staates betreten, wenn sie nicht mindestens von zwei Polizisten eskortiert wird oder mit einem Knüppel bewaffnet ist. Dieses Gesetz tritt nicht in Kraft, wenn die Frau weniger als 90 Pfund oder mehr als 200 Pfund wiegt oder es sich um ein weibliches Pferd handelt.

## Massachusetts

§ Hier verbietet ein Gesetz, die Füße zwecks Abkühlung aus dem Fenster hängen zu lassen.

§ Bevor nicht alle Fenster im Haus geschlossen und sicher verriegelt sind, ist das Schnarchen strengstens verboten.

## Michigan

§ In Detroit ist es Männern gesetzlich verboten, ihre Frauen an Sonntagen böse anzuschauen.
*Was, nur an Sonntagen?!*

§ Ein weiteres Gesetz stellt das ungebührliche Benehmen von Männern in Gegenwart von Frauen und Kindern unter Strafe. Nach dem Gesetz ist es absolut verboten, in der Nähe oder in Hörweite von Frauen und Kindern „unanständige, unmoralische, obszöne, vulgäre oder beleidigende Wörter" zu gebrauchen. *Dieses Gesetz stammt aus dem Jahre 1897!*

§ Haben Sie sich schon einmal darüber Gedanken gemacht, wem das Haar Ihrer Ehefrau gehört? Natürlich ihrem Ehemann. Das legt ein Gesetz in diesem Bundesstaat fest.
Deshalb darf sich keine Frau ohne die Erlaubnis ihres Mannes die Haare schneiden lassen.

## Minnesota

§ In der Stadt Breinerd müssen sich alle Männer einen Bart wachsen lassen.
§ Hier kann es außerdem passieren, dass Frauen für 30 Tage ins Gefängnis wandern, wenn sie öffentlich als Weihnachtsmann verkleidet auftreten.

## Missouri

§ In Merryville ist es Frauen strengstens verboten, ein Korsett zu tragen. Begründung: „Das Privileg, einen kurvenreichen und durch nichts eingeengten Körper einer jungen Frau bewundern zu dürfen, darf dem normalen amerikanischen Mann nicht verweigert werden." In Virginia hingegen ist man dann ein Heimlichtuer ...
§ In Saco ist es gesetzlich verboten, Hüte zu tragen, die ängstliche Personen, Kinder und Tiere erschrecken könnten. *Ja, die Hutmode war früher sehr aufregend!*

## Montana

§ In Helena verbietet ein Gesetz Frauen, in einem Saloon oder in einer Bar auf einem Tisch zu tanzen, wenn sie nicht mindestens drei Pfund (1 lb = 453,59237 g) und zwei Unzen (1 oz = 28,35 g) an Bekleidungsstücken am Leibe tragen.

## New Jersey

§ Während der Fischfangsaison ist es den Männern in diesem Bundesstaat untersagt, zu stricken. *Jetzt wissen Sie, woher die Grünen kommen!*

### New Mexiko

§ Die Taschen eines Mannes dürfen jederzeit von der Ehefrau durchsucht werden.

§ In Carrizo ist es Frauen verboten, sich mit unrasiertem Gesicht und unrasierten Beinen in der Öffentlichkeit sehen zu lassen.

### New York

§ In Carmel gibt es ein Gesetz zur Förderung des guten Geschmacks. Männern ist es untersagt, das Haus zu verlassen, wenn die Schuhe nicht zum Jackett passen.

§ Die erste Anti-Raucher-Kampagne der USA scheint von hier ausgegangen zu sein, denn es ist Frauen schon seit vielen Jahren gesetzlich verboten, auf der Straße zu rauchen.

### New York City

§ Hier ist es Männern verboten, Frauen hinterher zu schauen. Wer gegen dieses Gesetz verstößt, wird gezwungen, Scheuklappen für Pferde zu tragen, wann immer er spazieren geht. Ferner wird eine Strafe von 25 US-Dollar verlangt.

### North Carolina

§ Bis zum 15. April 2001 mussten sich alle Männer in der Stadt Macclesfield einen Bart wachsen lassen. Wer an diesem Tag ohne Bart oder zumindest ohne ein paar Bartstoppeln im Gesicht angetroffen wurde, musste mit Arrest oder einer Geldstrafe von 25 US-Dollar rechnen. Hintergrund: Macclesfield feierte am 15. April 2001 das 100. Geburtstagsjubiläum – und dies sollte in einem angemessenen Rahmen begangen werden. Und da an der Ostküste der USA altenglische Sitten hochgehalten werden, gehört bei Männern eben auch das Tragen von Bärten, vornehmlich Backenbärten, dazu.
*Oh je: Eine schlechte Tradition für Milchgesichter!*

### Oklahoma

§ Hier dürfen Frauen an ihrem eigenen Haar keine Veränderungen vornehmen, es sei denn, sie hätten eine Lizenz des Staates.
*Wie das wohl die Frauen finden?*

### Pennsylvania

§ Ein spezielles Reinigungsgesetz verbietet es hier Hausfrauen, Dreck und Staub unter den Teppich zu kehren.

§ Außerdem darf kein Mann ohne die schriftliche Genehmigung seiner Ehefrau Alkohol kaufen.

§ In der Stadt Morrisville benötigt eine Frau eine behördliche Genehmigung, wenn sie sich schminken will. Eine Genehmigung des Ehemannes reicht da nicht aus!

### Tennessee

§ In Memphis dürfen Frauen einem Gesetz zufolge nur dann mit einem Auto fahren, wenn ein Mann vor dem Auto herläuft und zur Warnung von Fußgängern und anderen Autofahrern eine rote Fahne schwenkt.

§ In Dyersburg dürfen Frauen einen Mann wegen eines Dates nicht anrufen.

### Utah

§ Hier ist der Ehemann für jedes kriminelle Vergehen seiner Ehefrau mitverantwortlich, das sie in seinem Beisein begeht.

### Vermont

§ Hier dürfen Frauen ohne schriftliche Erlaubnis ihrer Ehegatten kein künstliches Gebiss tragen.

§ Ebenso dürfen Frauen keine künstlichen Haare und aufreizenden Kleider tragen.
Frauen, die gegen die oben genannten Bestimmungen verstoßen, werden damit bestraft, dass ihre

Namen öffentlich gemacht werden. Anschließend werden sie dazu verurteilt, auf öffentlichen Plätzen ihr Vergehen zu bedauern.

## Virginia

§ Im Bezirk Fairfax wurde im Jahre 2001(!) ein Gesetz verabschiedet, das Hausbewohnern verbietet, in anderen Räumen als dem Schlafzimmer zu schlafen. Hintergrund dieser Verordnung ist einmal nicht die ausschweifende puritanische Phantasie, sondern der schnöde Mammon. Da die Mieten im Großraum Washington exorbitant hoch sind und viele Bewohner nicht über ein eigenes Haus verfügen, kommen sie bei Freunden oder Bekannten unter. Dort schlafen sie natürlich selten im Schlafzimmer, sondern in anderen Räumen und entziehen dem Bezirk mögliche Einnahmen für die Unterbringung in Hotels oder öffentlichen Einrichtungen.

§ Kein verheirateter Mann darf in diesem Staat an einem Sonntag fliegen.

§ Mit einer Geldstrafe in Höhe von 500 US-Dollar muss gerechnet werden, wenn man falsche Behauptungen über die Keuschheit einer Frau verbreitet. 2001 wurde erstmals ein Antrag auf Abschaffung des aus den 20er Jahren stammenden Keuschheitsgesetzes gestellt.

§ In Norfolk müssen Frauen, die an einer Tanzveranstaltung teilnehmen wollen, ein Korsett tragen. Frauen dürfen darüber hinaus nicht in Shorts auf Pferden reiten, wenn sie mehr als 200 Pfund wiegen.

§ Ebenfalls in Norfolk darf keine Frau das Haus verlassen, ohne ein Korsett zu tragen. Die Einhaltung der Verordnung wird nach unserer Recherche jedoch nicht mehr überwacht. Früher gab es jedoch unter verbeamteten Männern einen beliebten Job: den des Korsett-Inspektors.

## West Virginia

§ In Huntington ist es Polizisten strengstens verboten, Frauen, die an der Wache entlang flanieren, hinterher zu pfeifen.

§ In diesem Bundesstaat dürfen Ärzte und Zahnärzte Frauen nur dann betäuben, wenn eine dritte Person anwesend ist. *Auf welche Ideen Puritaner nicht alles kommen ...*

## Wisconsin

§ In Racine dürfen sich Frauen nachts nur auf der Straße aufhalten, wenn sie von einem Mann begleitet werden.

§ Es ist auch jungen Männern nicht erlaubt, Frauen hinterher zu schauen oder ihnen nachzupfeifen.

## Tierisch gute Gesetze

### Alaska

§ Hier im hohen Norden ist es ein großes Verbrechen, einen lebenden Elch aus einem Flugzeug zu schubsen oder betrunken zu machen.

### Arizona

§ Hier ist die Jagd auf Kamele gesetzlich verboten. Angeblich experimentierte die US-Army mit Kamelen. Die Experimente wurden jedoch aufgegeben und die Kamele freigelassen. Seitdem stehen sie unter dem Schutz des Gesetzes.

### Colorado

§ Hier muss eine freilaufende Katze unbedingt Rückstrahler tragen.
§ In Denver ist die Misshandlung von Ratten streng verboten.

### Connecticut

§ In Hartford verstoßen Sie gegen das Gesetz, wenn Sie Ihren Hund erziehen.

### Florida

§ Hier müssen Besitzer von Elefanten die normale Parkgebühr für Personenkraftwagen entrichten, wenn sie das Tier an einer Parkuhr festbinden.
§ Goldfische dürfen bei einer Busfahrt nur dann in ihren Gläsern transportiert werden, wenn sie sich nicht bewegen.
§ Ratten ist es gesetzlich strikt verboten, Schiffe zu verlassen.

### Georgia

§ In der Hauptstadt Atlanta verstößt es gegen das Gesetz, wenn eine Giraffe an einer Telefonzelle oder an einem Laternenpfahl festgebunden wird.

### Illinois

§ Dieser Bundesstaat ist ausgesprochen tierfreundlich. So darf hier niemand Hunden Grimassen schneiden!

§ Ebenso ist es illegal, eine Maus ohne eine gültige Jagderlaubnis zu fangen.

§ Ungesetzlich ist es in der Stadt Zion, einem Hund, einer Katze oder irgendeinem anderen Haustier eine angezündete Zigarre anzubieten.

§ Bienen verbietet ein Gesetz, über das Dorf oder durch die Straßen von Kirkland, Illinois, zu fliegen.

§ Trotz der traditionellen Freundlichkeit gegenüber Tieren musste sich im Jahre 1924 in South Bend ein Affe vor Gericht verantworten, weil er eine Zigarette geraucht hatte. Er wurde zu einer Geldstrafe von 25 US-Dollar und zur Zahlung der Gerichtskosten verurteilt.

### Iowa

§ In der Stadt Marshalltown ist es Pferden gesetzlich untersagt, Hydranten aufzufressen.

### Kalifornien

§ Hier dürfen nicht mehr als 2000 Schafe gleichzeitig den Hollywood Boulevard hinunter getrieben werden.

§ Elefanten ist es in San Francisco schwer verboten, entlang der Market Street zu spazieren, es sei denn, sie werden an einer Leine geführt.

§ Die Jagd auf Motten unter einer Straßenlaterne ist in Los Angeles verboten.

§ Tiere dürfen sich nur unter der Voraussetzung paaren, dass sie den Akt in einer Entfernung von mehr als 1500 Fuß (1 ft = 30,48 cm) zur nächsten Kneipe, Schule oder Kirche erledigen.

§ Im Jahre 1930 verabschiedete der City Council of Ontario, Kalifornien, eine Verordnung, die es Hähnen untersagte, innerhalb der Stadtgrenzen zu krähen.

- § Im kalifornischen Belvedere wird die Leinenpflicht für Hunde sehr merkwürdig ausgedrückt. Auf einer Anordnung der Stadtverwaltung liest es sich so: „No dog shall be in a public place without its master on a leash." (Kein Hund darf in die Öffentlichkeit, ohne sein Herrchen an der Leine zu führen.)
- § Für Mausefallen braucht man eine Jagdlizenz.
- § In Los Angeles ist es unter Androhung hoher Strafe verboten, an Kröten zu lecken. Dieses Gesetz wurde angeblich erlassen, weil eine in Kalifornien heimische Krötenart ein Sekret absondert, das eine ähnlich berauschende Wirkung wie Heroin aufweist.
- § Es ist unter Strafe verboten, eine Schnecke, ein Faultier oder einen Elefanten als Haustier zu halten.
- § In San José ist es illegal, mehr als zwei Katzen oder Hunde zu besitzen.

### Kansas

- § Man darf von einem Motorboot aus keinesfalls auf Hasen schießen. *Eigentlich logisch, nicht wahr?*
- § Niemand darf in diesem Bundesstaat einen Fisch mit den bloßen Händen fangen.
- § Darüber hinaus ist es in der Stadt Lang illegal, im August auf einem Muli auf der Hauptstraße zu reiten, es sei denn, das Muli trägt einen Strohhut.

### Maryland

- § Hier gilt es als ungesetzlich, Austern zu misshandeln oder einen Löwen mit ins Kino zu nehmen.

### Massachusetts

- § Hier müssen im Monat April allen Hunden die Hinterbeine zusammengebunden werden.

### Michigan

- § Hier kann einem hohe Gefängnisstrafe drohen, wenn man ein Stinktier in der Schreibtischschublade des Vorgesetzten versteckt.

§ In Detroit macht sich strafbar, wer ein Krokodil an einem Hydranten festbindet.

### Minnesota

§ Nach einem Gesetz ist es verboten, Stinktiere zu reizen.
§ Ferner ist es verboten, mit einem Huhn auf dem Kopf über die Staatsgrenze ein- oder auszureisen.

### Mississippi

§ Auf dem Flughafengelände von Bourbon dürfen keine Schildkrötenrennen abgehalten werden.

### New Jersey

§ Im Städtchen Cresskill müssen alle Katzen drei Glocken um den Hals tragen, um den Vögeln ihr Kommen anzukündigen.

### New York City

§ Esel dürfen nicht in einer Badewanne schlafen.
*Wenn Sie sie da überhaupt reinkriegen ...*

### North Carolina

§ In Barber dürfen Katzen nicht mit Hunden kämpfen.
§ Strengstens verboten ist es, Elefanten zum Umpflügen von Baumwollfeldern einzusetzen.

### Ohio

§ In Paulding darf ein Polizist einen Hund beißen, um ihn ruhig zu stellen.
§ In Toledo darf man nicht mit Schlangen nach Personen werfen.
§ Ein Gesetz aus Cuyahoga Falls verbot es allen Tieren, innerhalb der Stadtgrenzen dem Ruf der Natur zu folgen.
Das Gesetz wurde 2002 aufgehoben. *Nach wie vielen Verstößen wissen wir nicht ...*

### Oklahoma

§ In diesem Bundesstaat, dessen Grenzen mit keinem einzigen Meter an ein Meer stößt, ist die Jagd auf Wale im ganzen Staat verboten.
*Kunststück!*

### Tennessee

§ Hier ist es illegal, einen Fisch mit einem Lasso einzufangen.

### Texas

§ In Dallas werden Hunde dazu verdonnert, nachts rote Rücklichter zu tragen.

### Utah

§ Hier haben Vögel auf allen Highways Vorfahrt.
§ Es ist illegal, vom Rücken eines Pferdes aus zu angeln.

### Virginia

§ In Norfolk steht das Bespucken von Seemöwen unter Strafe.

### Washington

§ In Wilbur ist es verboten, auf einem hässlichen Pferd zu reiten.

### Wyoming

§ Hier ist es im Juni verboten, einen Hasen zu fotografieren.

## Straßenverkehrsordnung: Automobilisten, Giraffen und Elefanten

### Alabama

§ Hier ist es Autofahrern verboten, während der Fahrt eine Augenbinde zu tragen.

### Alaska

§ Im Norden ist es illegal, von einem Flugzeug aus auf einen Elch herabzuschauen.

### Arizona

§ In Glendale ist es ungesetzlich, mit einem Auto rückwärts zu fahren.

§ Piloten ist es strikt verboten, während des Fluges zu gurgeln.

### Colorado

§ In Denver ist es untersagt, an Sonntagen schwarz lackierte Autos zu fahren.

### Connecticut

§ In Hartford ist es verboten, eine Straße im Handstand zu überqueren.

§ In New Britain dürfen Feuerwehrfahrzeuge selbst während eines Einsatzes nicht schneller als 25 mph (Meilen pro Stunde; 1 m = 1,609344 km) fahren.

§ Die Stadt Devon verbietet es, nach Sonnenuntergang auf den Straßen rückwärts zu laufen.

§ Radfahrer in Connecticut dürfen von der Polizei gestoppt werden, wenn sie schneller als 65 mph (das sind rund 100 km/h!) radeln.

### Delaware

§ In einem Flugzeug darf unter Androhung von Strafe nicht geschnarcht werden. *Gilt das nur für die Crew oder auch für Passagiere?*

### Idaho

§ Personen jenseits der 88 ist es in Idaho Falls verboten, Motorrad zu fahren.

### Illinois

§ In der Stadt Cicero ist es nicht erlaubt, sonntags auf öffentlichen Straßen zu pfeifen.

§ Ein Staatsgesetz schreibt vor, dass die Polizei vorher informiert werden muss, wenn ein Autofahrer beabsichtigt, mit seinem Fahrzeug in eine Stadt hineinzufahren.

## Indiana

§ Es ist verboten, im Flughafenbereich von Bicknell Eiscreme mit einer Gabel zu essen.

§ Im gesamten Staatsgebiet ist es verboten, rückwärts in eine Parklücke zu fahren.

## Kalifornien

§ In Baldwin Park verstößt das Fahrrad fahren in einem Swimmingpool gegen das Gesetz. Angeblich wurde das Gesetz erlassen, weil entleerte Swimmingpools häufig von BMX-Fahrern zu Trainingszwecken missbraucht wurden.

§ Autobesitzern in San Francisco ist es strengstens verboten, ihr Gefährt mit gebrauchter Unterwäsche zu polieren.
*Sie kennen den illustren Zeitvertreib mancher Kalifornier, die ihrem Wagen manchmal eine ganz spezielle Wäsche gönnen?*

## Kansas

§ Lautes Rülpsen ist auf dem Flughafengelände von Halstead untersagt.

§ Ferner fordert ein Gesetz des Staates, dass alle Fußgänger, die nachts einen Highway überqueren, ein Schlusslicht tragen müssen.

## Massachusetts

§ Die Stadt Milford verbietet es, durch Autofenster zu spähen.
*Was man da wohl alles erblicken könnte?*

### Minnesota

§ In Minneapolis dürfen Fahrzeugbesitzer, die in zweiter Reihe parken, zu Zwangsarbeit in einer Chain-Gang verurteilt werden. Sie müssen, an den Füßen angekettet, Zwangsarbeit verrichten.

### Nevada

§ Wer ein Kamel auf einem Highway ausreitet, verstößt gegen das Gesetz.

### North Carolina

§ Die Stadt Thomasville verbietet es Flugzeugen, an Sonntagen exakt zwischen 11 und 13 Uhr über das Stadtgebiet zu fliegen.

### Ohio

§ Die Stadt Cleveland verbietet per Gesetz, ein Fahrzeug in Betrieb zu nehmen, wenn man dabei auf dem Schoß einer anderen Person sitzt.

### Oklahoma

§ In diesem Staat ist es gesetzlich untersagt, am Steuer eines Autos ein Comic zu lesen.

### Pennsylvania

§ Von der „Bäuerlichen Anti-Automobil-Gesellschaft" wurde hier folgendes Regelwerk aufgestellt: „Bei einer Nachtfahrt über Landstraßen müssen alle Autofahrer jede Meile anhalten, eine Leuchtrakete abfeuern und zehn Minuten warten, damit die Straße geräumt werden kann. Wenn ein Fahrer eine Gruppe von Pferden sieht, muss er anhalten und sein Fahrzeug mit einer Decke abdecken, die farblich mit der Landschaft harmonisiert. Wenn sich ein Pferd weigert, das Auto zu passieren, muss der Fahrer seinen Wagen von der Straße entfernen und in den Büschen verstecken."

Unserer Recherche nach stammt dieses Gesetz bzw. Regelwerk aus den ersten Tagen des Automobilismus, aus der Zeit also, als die Pferde Räder erhielten.

### Tennessee

§ Hier ist es absolut illegal, aus einem fahrenden Auto heraus Jagd auf Wild zu machen. Aber keine Regel ohne Ausnahme: Auf Wale darf man schon feuern. *Falls man ihnen tatsächlich in Tennessee begegnen sollte.*

### Texas

§ Wenn sich zwei Züge an einem Bahnübergang begegnen, müssen beide Züge halten und dürfen ihre Fahrt nicht eher wieder fortsetzen, bis der andere passiert hat, heißt es in diesem Südstaat. Die Legende besagt, dass ein Senator mit dieser Regelung ein verkehrspolitisches Gesetzeswerk ins Lächerliche ziehen und seine Verabschiedung verhindern wollte. Aber seine Rechnung ging nicht auf: *Das Gesetz wurde in dieser Form rechtskräftig.*

### Washington

§ Hier gibt es ein Gesetz, welches festlegt, dass nachts vor jedem Auto ein Mann aus Sicherheitsgründen mit einer roten Laterne hergehen muss.

### West Virginia

§ In diesem Staat ist es unter Androhung von Strafe verboten, in einem Zug ein Nickerchen zu halten.

### Wisconsin

§ In Milwaukee darf auf keiner Straße länger als zwei Stunden geparkt werden, ohne ein Pferd an die Stoßstange zu binden.

## Sitte und Moral: Puritanische Ansichten an der Ost- und Westküste

### Alabama

§ Im Südstaat Alabama war zwischen 1998 und 2002 der Verkauf von Sexspielzeugen illegal und somit gesetzlich verboten.

### Alaska

§ In Fairbanks ist es Elchen per Gesetz untersagt, auf den Bürgersteigen der Stadt der geschlechtlichen Liebe nachzugehen.

§ Sex in einem Wohnmobil, Wohnwagen oder Auto ist ab Temperaturen unter minus 25 Grad Celsius untersagt.

### Arizona

§ Im US-Bundesstaat Arizona dürfen in keinem Haus mehr als zwei Dildos in Gebrauch sein.
*Das kommentieren wir mal lieber nicht!*

### Arkansas

§ Das Flirten in den Straßen von Little Rock in Arkansas kann eine 30-tägige Haftstrafe zur Folge haben. Wahrscheinlich ist Ihnen bekannt, dass der vormalige US-Präsident Bill Clinton lange Jahre Gouverneur von Arkansas in Littlerock war. *Okay, wenn es nur ums Flirten ging ...*

### Colorado

§ Hausbesitzer in Alamosa sind dazu verpflichtet, zu verhindern, dass unverheiratete Paare in ihrem Haus Sex haben.
*Nicht überheblich lachen! So einen „Kuppler-Paragrafen" gab es auch einmal im Deutschen Strafgesetzbuch!*

§ In Logan County ist es illegal, eine Frau zu küssen, während sie schläft.

### Florida

§ Hier ist es der Frau verboten, zwei Drittel ihres Pos am Strand zu zeigen. Tut sie es trotzdem, drohen ihr 500 US-Dollar Strafe oder Gefängnis. *Baywatch lässt grüßen!*

§ Nur die Missionarsstellung ist in Florida erlaubt.

§ Die Brüste seiner Frau zu küssen oder Oralverkehr mit ihr auszuüben ist streng verboten.

§ Nicht genug damit: Es ist hier auch ein Verbrechen, nackt zu duschen.

§ Weitaus wichtiger ist den Gesetzgebern aber der Hinweis darauf, dass es untersagt ist, mit einem Stachelschwein sexuell zu verkehren.

§ In Datona Beach verbietet ein Gesetz darüber hinaus, öffentliche Mülleimer (???) sexuell zu belästigen. *Da hat wohl mal einer geklagt!*

### Georgia

§ Ein Gesetzesentwurf vor dem Staatsparlament von Georgia sah vor, dass alle Hotels in Georgia deutlich sichtbar Schilder mit der Warnung „Geschlechtsverkehr, Ehebruch und Sodomie verboten" aufhängen müssen. Die Warntafeln sollten in normaler sowie in Blindenschrift angefertigt werden und „international erkennbare Symbole" tragen. Das Vorhaben wurde jedoch nicht realisiert.

§ Nach einem Gesetz von 1833 war in Georgia bis 2002 vorehelicher Geschlechtsverkehr streng verboten und konnte mit empfindlichen Strafen geahndet werden.

### Idaho

§ Der Autosex in Coeur d'Alene wird folgendermaßen geregelt: Polizisten sind angehalten, hinter verdächtigen Wagen zu parken, dreimal auf die Hupe zu drücken und anschließend zwei Minuten zu warten, ehe sie sich dem Wagen nähern dürfen. *Wie rücksichtsvoll!*

### Illinois

§ In der Stadt Champaign ist es gesetzlich verboten, in den geöffneten Mund seines Nachbarn zu urinieren.

### Indiana

§ Achtung: Hier kann jeder männliche Autofahrer über 18 wegen Vergewaltigung Minderjähriger festgenommen werden, wenn seine Beifahrerin keine Socken und Schuhe trägt und unter 17 ist.

### Iowa

§ Pärchen dürfen sich maximal fünf Minuten küssen.

### Kalifornien

§ In Ventura County ist es Hunden und Katzen gesetzlich verboten, ohne vorheriger Erlaubnis miteinander Sex zu haben.

§ Schnurrbartträgern ist es in Eureka nicht erlaubt, eine Frau zu küssen.

### Louisiana

§ Paare, die sich ein neues Bett kaufen wollen, dürfen im Geschäft weder real noch simuliert testen, ob dieses ihren sexuellen Wünschen auch genüge tut.

### Maryland

§ In der Stadt Halethrope existiert ein Anti-Kuss-Gesetz: Dort darf ein Kuss nicht länger als eine Sekunde dauern!

### Massachusetts

§ Hier schreibt ein Gesetz vor, dass Frauen beim Sex ausschließlich unter dem Mann zu liegen haben.

§ In Boston ist es gesetzlich untersagt, sich vor einem Kirchengebäude zu küssen.

§ Ferner ist es Taxifahrern verboten, während des Dienstes auf den Vordersitzen Liebe zu machen.

## Michigan

§ In Clawson existiert ein Gesetz, das es Bauern erlaubt, mit Schweinen, Kühen, Pferden, Ziegen oder Hühnern Geschlechtsverkehr zu haben.
*Jesus Christ! Sodom und Gomorra!*
§ In Detroit hingegen ist es völlig verboten, in einem Auto Sex zu haben. Ausnahme: Das Fahrzeug befindet sich auf dem Privatgrundstück des Paares.

## Minnesota

§ Auch in diesem Staat ist es strengstens untersagt, unbekleidet zu schlafen.

## Montana

§ Im US-Bundesstaat Montana wird durch ein „Gesetz gegen abweichende sexuelle Ausrichtungen" Homosexualität unter Strafe gestellt. Im Jahre 1997 setzte der oberste Gerichtshof des Staates dieses Gesetz aufgrund seiner Verfassungswidrigkeit außer Kraft. Aus den Gesetzesbüchern wurde es trotzdem nicht entfernt, weil es angeblich wegen seiner Symbolkraft erhalten werden sollte. Das heißt: Auch, wenn kein Gericht einen Einwohner von Montana heute noch wegen Homosexualität anklagen kann, sollte jeder doch wissen, dass gleichgeschlechtliche Liebe hier einfach unschicklich ist.

## Nebraska

§ Sämtliche Hotelbesitzer in Hastings sind gesetzlich dazu verpflichtet, jedem Übernachtungsgast ein sauberes und geplättetes Nachthemd zur Verfügung zu stellen. Keinem Paar, auch keinem Ehepaar, ist es gestattet, nackt miteinander zu verkehren. Der Geschlechtsverkehr kann jedoch legalisiert werden: Wenn es das Paar in den Baumwollnachthemden macht, ist alles okay.
*Eigentlich logisch! Nur: Wer überwacht das?*

### Nevada

§ *Endlich mal etwas Vernünftigeres:* Hier gibt es ein Gesetz, das Sex ohne Kondom verbietet.

### New Jersey

§ Vorsicht, Autosex! Ertönt beim Spiel eines Pärchens in Liberty Corner versehentlich die Hupe, droht eine Gefängnisstrafe.

### New Mexiko

§ In Carlsbad ist es Liebespaaren erlaubt, während der Mittagspause Sex in einem geparkten Wagen zu haben, solange im Inneren Vorhänge angebracht sind, die neugierige Blicke von Spannern verhindern.

### New York City

§ Aufgepasst, Touristen! Die New Yorker Verkehrsbehörde hat entschieden, dass Frauen barbusig U-Bahn fahren dürfen. Hintergrund: Ein New Yorker Gesetz besagt, dass Männer sich mit freiem Oberkörper zeigen dürfen. Frauen müsse daher dasselbe Recht zugestanden werden.

### North Carolina

§ Hier ist die Masturbation gesetzlich verboten.
§ Unverheirateten ist es verboten, vor der Ehe Geschlechtsverkehr auszuüben oder gemeinsam in einer Wohnung zu leben.
Noch 2001 wurde in North Carolina ein Mann aufgrund dieses fast 200 Jahre alten Gesetzes verurteilt.

### Ohio

§ In Cleveland dürfen Frauen keine Lackschuhe tragen, da Männer in ihnen eventuell die Reflexion von etwas sehen könnten, was sie nicht sehen sollten. *Also, das kann man sich wirklich nur bei puritanischer Phantasie vorstellen, oder etwa nicht?!*

§ In Oxford ist es Frauen untersagt, sich vor einem Gemälde oder Foto eines Mannes zu entkleiden.

## Oklahoma

§ Ein Gesetz in Clinton verbietet Passanten das Masturbieren, wenn sie dabei ein Pärchen beim Sex im Auto beobachten.

## Pennsylvania

§ Die Gemeinde Locust verbietet es allen männlichen Einwohnern, sich in der Öffentlichkeit mit einer Erektion sehen zu lassen. Zuwiderhandlungen können mit einer Gefängnisstrafe bis zu drei Monaten geahndet werden.
Damit sollen „Gesundheit, Sicherheit und Moral der Gemeinde" geschützt werden.

§ In Harrisburg ist es gesetzlich untersagt, in einem Zollhäuschen mit einem Fernfahrer der Liebe nachzugehen.

§ Es ist Piloten verboten, weibliche Flugschülerinnen mit einem Staubwedel unter dem Kinn zu streichen, um ihre Aufmerksamkeit zu erregen. So lautet eine Regel in Columbia.

## Rhode Island

§ In Tulsa sind Küsse mit einer Dauer von über drei Minuten verboten.

## South Dakota

§ In der Stadt Sioux Falls muss jedes Hotelzimmer mit zwei Betten ausgestattet sein. Es ist vorgeschrieben, dass zwischen den Betten mindestens ein Abstand von zwei Fuß bestehen muss, wenn ein Paar einen Raum nur für eine Nacht mietet. Es ist weiterhin untersagt, auf dem Boden zwischen den Betten Liebe zu machen.

## Texas

§ In San Antonio ist es verboten, durch Blickkontakt oder durch Handsignale zu flirten oder auf Flirtsignale zu reagieren.

§ Auf dem Flughafengelände von Kingsville ist Schweinen der Geschlechtsverkehr gesetzlich untersagt.

§ Der Besitz realistisch aussehender Dildos wird in Dallas unter Strafe gestellt.

## Utah

§ Hier darf keine Frau innerhalb der Stadtgrenzen von Tremonton in einem Krankenwagen Sex mit einem Mann haben. Wird sie in flagranti ertappt, kann sie eines Sexualvergehens angeklagt werden. Weiterhin muss ihr Name in der Tageszeitung veröffentlicht werden. Der Mann geht straffrei aus, auch wird sein Name nicht veröffentlicht.

§ Engtanzverbot! In Monroe müssen zwei Tanzende immer soviel Platz zwischeneinander lassen, dass man das Tageslicht zwischen ihnen sehen kann.

## Vermont

§ Eine Verordnung in diesem Staat bestimmt, dass sich zwei Personen erst dann küssen dürfen, wenn sie ihre Lippen mit karbolsaurem Rosenwasser abgewischt haben. *Brrrr!*

## Virginia

§ Sex darf in Virginia laut einem Staatsgesetz nur im Dunkeln stattfinden. Das Licht muss unbedingt gelöscht werden! Alle Stellungen außer dem Missionar sind verboten.

## Washington

§ Im Staat Washington ist es unter allen Umständen verboten, mit einer Jungfrau Sex zu haben. Das Gesetz schließt die Hochzeitsnacht mit ein. *Sterben die Washingtoner dann nicht aus?*

§ Auch in Auburn ist es Männern ausdrücklich verboten, Jungfrauen zu deflorieren. Das Alter oder der Familienstand der Jungfrau ist dabei völlig irrelevant für das Gesetz. Tut man es doch, drohen bis zu fünf Jahre schwere Gefängnisstrafe.

### Washington D.C.

§ Auch in Washington, D.C. herrschen harte Sitten. Hier ist nur der Missionar erlaubt.

### West Virginia

§ Hier erlaubt es ein Gesetz, dass Männer Sex mit Tieren haben dürfen, wenn diese nicht mehr als vier Pfund wiegen.

### Wisconsin

§ In der Kleinstadt Connorsville in Wisconsin ist es illegal, wenn ein Mann einen Schuss aus einem Gewehr abfeuert, während seine Frau einen Orgasmus hat.
*Fragen Sie bitte nicht, welchen tieferen Sinn diese Verordnung hat!*
§ Hier dürfen Kondome nur unterhalb der Ladentheke verkauft werden, da sie „obszön" sind.
*Wenn das mal nicht den Verkauf bremst …*
§ Ein Gesetz des Staates Wisconsin verbietet das Küssen in Zügen.

### Wyoming

§ Eine Verordnung der Stadt Newcastle untersagt es Paaren, in einem Kühlhaus Liebe zu machen.

## Scheidungsrecht: Ehe und Heirat

### Illinois

§ In Oblong steht es unter Strafe, am Hochzeitstag mit seiner Frau zu schlafen, wenn man sich auf einem Jagd- oder Angelausflug befindet.

### Iowa

§ Die Gesetze in Ames gestatten es einem Ehemann nicht, nach dem Sex mehr als drei Schluck Bier zu sich zu nehmen, wenn er seine Ehefrau im Arm hält oder neben ihr im Bett liegt.

### Massachusetts

§ In Salem ist es selbst verheirateten Paaren verboten, nackt in gemieteten Räumen zu schlafen.

### Michigan

§ In diesem Bundesstaat darf ein Ehemann seine Frau keinesfalls an einem Sonntag küssen. Sollte er trotzdem dabei beobachtet werden, kann das Bezirksgericht des jeweiligen County ihn dazu verpflichten, im kommenden Kalenderjahr jeden Sonntag öffentlich nützliche Arbeiten zu verrichten.

### Minnesota

§ In der Stadt Alexandria darf kein Mann mit seiner Frau schlafen, wenn er aus dem Mund nach Knoblauch, Zwiebeln oder Sardinen riecht. Fordert es seine Frau, zwingt ihn das Gesetz, sich die Zähne zu putzen. Andernfalls darf die Ehefrau ihren Mann vor Gericht bringen!
*Die klagen wirklich gegen alles und jeden ...*

### North Carolina

§ Von wegen „kleine Affäre"! Wenn in North Carolina ein Mann und eine Frau sich in einem Hotel als Ehepaar ausgeben, dann sind sie nach einem

Gesetz des Staates mit sofortiger Wirkung legal verheiratet.

### Oregon
§ In Willowdale ist es höchst ungesetzlich, wenn der Ehemann während des Geschlechtsverkehrs flucht oder seiner Frau Obszönitäten ins Ohr flüstert.

### Pennsylvania
§ Hier ist es verboten, während einer Hochzeit einen Revolver oder eine Kanone zu entladen.

### Texas
§ Ein 1837 verabschiedetes und erst 1974 aufgehobenes Gesetz erlaubte es allen Ehemännern, den auf frischer Tat ertappten Liebhaber ihrer Frau folgenlos zu erschießen.

## Himmel und Hölle

### Illinois
§ In Urbana ist es Monstern verboten, das Stadtgebiet zu betreten.
*Finden wir richtig gut!*

### Florida
§ Im 1400-Seelen-Nest Inglis hat der Satan per Gesetz Hausverbot.
Angeblich hat die Bürgermeisterin der Gemeinde Anfang 2002 einen Erlass veröffentlicht, der „allen satanischen und dämonischen Kräften" befiehlt, „ihre Aktivitäten einzustellen und Inglis zu verlassen". *Geht mit Gott!*

### Vermont

§ In diesem Bundesstaat ist es illegal, die Existenz Gottes zu leugnen. Wer im Namen Gottes flucht, muss mit harter Bestrafung rechnen.

### Wisconsin

§ Es ist strengstens untersagt, Menschen zu hypnotisieren – auch nicht zu therapeutischen Zwecken, da davon ausgegangen werden muss, dass lediglich Hexen und Zauberer über hypnotische und telepathische Fähigkeiten verfügen. Hexerei und Zauberei ist jedoch verboten.

## Sport, Spiel, Spaß und Vergnügen

### Alabama

§ Es ist verboten, an einem Sonntag Domino zu spielen. *Ist ja auch zu anrüchig!*

### Florida

§ Jäger dürfen auf Krokodile schießen. Sie dürfen sie jedoch keinesfalls mit einem Angelgerät jagen.

### Idaho

§ Es ist untersagt, auf einem Kamel sitzend zu angeln.

### Illinois

§ In Chicago ist es illegal, nur mit einem Pyjama bekleidet zum Fischen zu gehen.

### Maryland

§ In Ocean City darf niemand während des Schwimmens im Meer essen.

### New York

§ In der Stadt Albany darf in den Straßen kein Golf gespielt werden.

### North Carolina

§ Jegliche sportliche Betätigung fällt unter das eigene Risiko des Ausübenden. Niemand darf im Fall der Verletzung vom Staat Hilfe und eventuell finanzielle Unterstützung erwarten.

### Oregon

§ Hier darf kein Angler Mais aus Dosen als Köder verwenden.

## Körperpflege

### Indiana

§ Ein Gesetz verbietet es, während der Wintermonate ein Bad zu nehmen.

### Florida

§ In Saratoga ist es illegal, in einem Badeanzug in der Öffentlichkeit zu singen.
§ Ebenso verboten ist es, in einem Badezimmer die Kleider abzulegen.

### Kalifornien

§ In Prunedale ist gesetzlich festgelegt, dass nicht mehr als eine Badewanne pro Gebäude installiert werden darf.
§ In Los Angeles darf man nicht mehr als zwei Babys gleichzeitig in derselben Wanne baden.
§ Badeanstalten sind hier gesetzlich verboten. Von dem Verbot sind alle Arten von Mineralquellen, Whirlpools, Saunen, Dampfbäder, öffentliche Badeanstalten, Schlamm-, Mineral- und Schwimmbäder betroffen.
Angeblich wurde dieses Gesetz während der ersten AIDS-Welle in den USA Anfang der 80er Jahre verabschiedet. Durch diese Maßnahme sollte die Verbreitung der Seuche verlangsamt werden, da wohl

angenommen wurde, dass es in öffentlichen Badeanstalten häufiger als anderswo zu anonymen und ungeschützten Sexualkontakten käme.

## Kansas

§ In Topeka ist die Installation von Badewannen verboten.

## Kentucky

§ Ein Gesetz verbietet es jeder Person, ohne Polizeischutz in einem Badeanzug die Straßen der Städte oder Dörfer des Staates Kentucky zu betreten. *Was da alles passieren könnte!*

§ Es muss zumindest einmal im Jahr gebadet werden.

## Maine

§ Sich laut in aller Öffentlichkeit die Nase zu putzen ist in Waterville gesetzlich untersagt.

## Massachusetts

§ Hier in Boston macht sich hingegen strafbar, wer öfter als zweimal im Monat ein Bad nimmt.

§ Ein altes Gesetz verbietet es überdies, an einem Sonntag ein Bad zu nehmen.

§ Sei's drum: Eigentlich ist es prinzipiell verboten, ein Bad zu nehmen. Es sei denn, ein Arzt hätte es angeordnet.

## Michigan

§ In Rochester muss jeder Freund des nassen Elements seinen Badeanzug vorher von einem Polizisten inspizieren lassen.

## Mississippi

§ In Tylertown ist es ungesetzlich, sich mitten auf der Hauptstraße zu rasieren.

### Pennsylvania

§ Das Gesetz des Staates enthält eine Regelung, die es untersagt, in Badewannen zu singen.

### Virginia

§ Hier sind Badewannen im Inneren von Gebäuden verboten.

### Vermont

§ In Vermont wird vom Gesetzgeber vorgeschrieben, mindestens ein Bad pro Woche zu nehmen – immer Samstagnachts.

### Wisconsin

§ Hier muss man laut Gesetz alle Urinale manuell spülen. *Igitt!*

### Wyoming

§ In Cheyenne ist es den Bürgern verboten, an einem Mittwoch zu duschen.

## Gangstas

### Arizona

§ Einem Erlass der Bezirks Mahove zufolge muss jeder, der ein Stück Seife gestohlen hat, sich so lange damit waschen, bis es vollkommen aufgebraucht ist.

### Georgia

§ In Smyrna ist es Personen unter 18 Jahren verboten, Farbspraydosen oder Filzmarker zu erwerben oder zu besitzen. Ladenbesitzer dürfen diese Gegenstände nur noch in Minderjährigen nicht zugänglichen Bereichen verkaufen. Personen, die damit aufgegriffen werden, gelten als Kriminelle.
Dieses Gesetz wurde 2001 angeblich erlassen, um die Bandenkriminalität in Smyrna zu bekämpfen.

Es sollte dazu beitragen, die Kommunikation zwischen den zahlreichen rivalisierenden Streetgangs mit Graffiti zu erschweren. Die amerikanische Bürgerrechtsbewegung in Atlanta bezeichnete das Gesetz als lächerlich – mit der gleichen Begründung könnte man auch den Verkauf von Haarnadeln und Tackern verbieten, da auch mit diesen Gegenständen Verbrechen begangen werden könnten.

### Idaho

§ Die Stadt Pocatello verabschiedete 1912 ein Gesetz, das das Tragen von Waffen untersagt.
Ausnahme: Die Waffe wird gut sichtbar in der Öffentlichkeit getragen.

### Illinois

§ Hier kann jemand wegen Landstreicherei verhaftet werden, wenn er nicht mindestens einen US-Dollar bei sich trägt.

### Indiana

§ Friseure aus Elkhard machen sich strafbar, wenn sie einem Kind androhen, ihm die Ohren abzuschneiden.

### Kalifornien

§ Bis zu 500 US-Dollar zahlt, wer innerhalb der Stadtgrenzen von Chico einen Nuklearsprengkörper zur Detonation bringt.

### Kansas

§ In Natoma ist es gesetzlich untersagt, Messer auf Männer in gestreiften Anzügen zu schleudern.

### Kentucky

§ Ein Gesetz in Frankfort verbietet es, die Krawatte eines Polizeibeamten abzuschießen.

## Louisiana

§ Ein Gesetz verbietet es Bankräubern, nach dem Überfall mit einer Wasserpistole auf die Kassierer zu schießen.

§ Beißt man hier jemanden mit seinen natürlichen Zähnen, so wird diese Tat lediglich als „einfaches Vergehen" gewertet. Ein Biss mit den dritten Zähnen hingegen gilt als „schweres Vergehen".

## Massachusetts

§ Es ist es gegen das Gesetz, Duelle mit Wasserpistolen auszutragen.

## New York

§ Hier können Selbstmörder, die vom Dach eines Gebäudes springen, zum Tode verurteilt werden.

## North Dakota

§ In diesem Bundesstaat ist es immer noch legal, aus einem Planwagen heraus auf Indianer zu schießen.

§ Auch hier wurde einst ein versuchter Selbstmord als Mordversuch angesehen und wurde mit der Todesstrafe geahndet.

## Oklahoma

§ In diesem Bundesstaat darf man keine Waffe öffentlich sichtbar tragen, es sei denn, man wird von einem Indianer verfolgt.

## Texas

§ Ein erst kürzlich verabschiedetes Gesetz zur Verbrechensbekämpfung verlangt von jedem Kriminellen, sein Opfer mindestens 24 Stunden vor der Tat entweder mündlich oder schriftlich über die Natur des geplanten Verbrechens zu unterrichten. *Genial!*

§ Ein Gesetz verbietet es den Bürgern des südlichen Bundesstaates am Wahltag mit einem Schwert oder Speer bewaffnet im Wahllokal zu erscheinen.

### Virginia

§ In Richmond gilt selbst der Wurf einer Münze, mit dem ausgelost werden soll, wer die Restaurantrechnung bezahlt, als illegales Glücksspiel und ist somit verboten.

### Washington

§ Ein Gesetz zur Verbrechensbekämpfung besagt, dass jeder motorisierte Kriminelle mit unlauteren Absichten von der Stadtgrenze aus den Polizeichef anrufen muss, um sein Erscheinen anzukündigen.

## Umweltschutz

### Arizona

§ Mit bis zu 25 Jahren Haft muss rechnen, wer in diesem Bundesstaat einen Kaktus fällt. Hintergrund: Da es für einige Zeitgenossen ein beliebter Zeitvertreib ist, auf Kakteen zu schießen oder sie ganz abzuholzen, wurde dieses Gesetz erlassen, um den Bestand der in Arizona beheimateten und stark gefährdeten seltenen Sanguaro-Kaktee zu sichern.

### Arkansas

§ Ein Gesetz verbietet es dem Arkansas River, höher als bis zur Brücke der Hauptstraße in Little Rock, Arkansas, zu steigen. *Wir wissen leider nicht, welche Strafen der Gesetzgeber für den Fluss vorsieht, wenn dieser dennoch über die erlaubte Markierung steigt...*

### Colorado

§ Wer innerhalb der Grenzen der Stadt Pueblo (span.: Dorf, Ansiedlung, Siedlung) einen Löwenzahn aufzieht oder das Wachsen eines Löwenzahnes nicht verhindert, verstößt gegen das Gesetz.

### Kalifornien

§ In San Francisco wird der Bevölkerung durch eine Verordnung Sonnenschein garantiert.
Nicht genug: In Brawley wurde eine Resolution verabschiedet, die Schnee innerhalb der Stadtgrenzen verbietet.

### Massachusetts

§ In Holyoke gibt es ein Gesetz, welches das Wässern eines Rasens während eines Regenschauers unter Strafe stellt.

### North Carolina

§ In Topsail Beach ist es Hurricanes und Tornados per gesetzlicher Verordnung verboten, die Stadtgrenzen zu überqueren.

### Pennsylvania

§ In York ist es streng verboten, sich hinzusetzen, während man seinen Rasen mit einem Schlauch wässert.

## Vom Essen und Trinken

### Colorado

§ Ein Gesetz verbietet es, in den Straßen Luft aus einem Ballon abzulassen und dabei ein pfeifendes Geräusch zu verursachen.

### Connecticut

§ Damit eine Gewürzgurke auch offiziell als Gewürzgurke anerkannt werden kann, muss sie hüpfen können. *Schön üben!*

### Florida

§ In Tampa Bay ist es verboten, an einem Sonntag nach 18 Uhr Hüttenkäse zu verzehren.

## Indiana

§ In Gary ist es untersagt, innerhalb von vier Stunden nach dem Genuss von Knoblauch ein Kino oder ein Theater zu besuchen und öffentliche Verkehrsmittel in Anspruch zu nehmen.
*Danke, Gary!*

§ Ebenso darf hier in Spirituosengeschäften keine Milch oder ein gekühlter Soft-Drink verkauft werden. Ungekühlte Soft-Drinks hingegen sind legal. In einem Gesetz zur Lizensierung von Spirituosenhändlern wird in einer Liste festgelegt, welche Waren in Spirituosengeschäften verkauft werden dürfen. Waren, die nicht auf der Liste stehen, gelten als verboten.

## Kalifornien

§ Gegen die Gesetze des Staates verstößt man, wenn man auf den dortigen Friedhöfen Gemüse anpflanzt.

§ In Carmel ist es verboten, auf öffentlichen Bürgersteigen Eiscreme zu essen.
Dieses Gesetz wurde zu Amtszeiten des Bürgermeisters Clint Eastwood (formally known as Dirty Harry) aufgehoben.

## Kansas

§ Hier ist es illegal, an einem Sonntag Schlangen zu essen.

§ Durch Gesetzesbeschluss gilt jeder Mann oder jede Frau so lange als nüchtern, bis er oder sie nicht mehr aufrecht stehen kann.
*Trunkenheit ist einfach eine Definitionssache ...*

## Massachusetts

§ In diesem Bundesstaat ist es allen Bürgern verboten, Muschelsuppen mit Tomaten zu verfeinern.

§ Wer in den Regalen einer Bäckerei herumliegt, macht sich eines Verbrechens schuldig.
*Warum sollte man so etwas tun?!*

## Missouri

§ In St. Louis ist es illegal, in den Straßen auf dem Bordstein zu sitzen und Bier aus einem Eimer zu trinken.
Dieses Gesetz bezieht sich auf einen mittlerweile nicht mehr praktizierten Brauch irischer Einwanderer, an einem bestimmten Tag Bier aus Eimern zu trinken.

## Nebraska

§ Nach einem Gesetz dieses Staates dürfen die Besitzer von Bars nur Bier ausschenken, wenn sie gleichzeitig einen Topf Suppe kochen. *Man braucht einfach eine gute Basis ...*

§ In der Stadt Lehigh ist es verboten, die Löcher aus den Doughnuts zu verkaufen. *Klar: Auch die Eidgenossen dürfen ja nicht die Löcher aus dem berühmten Schweizer Käse verkaufen – obwohl dies bestimmt eine gute Geschäftsidee wäre!*

§ Friseuren ist es in Waterloo verboten, zwischen 7 Uhr morgens und 7 Uhr abends Zwiebeln zu essen. *Und was ist mit Knoblauch?*

## North Dakota

§ Bier und Brezeln dürfen nicht zur selben Zeit in einem Restaurant serviert werden. *Daran sollen sich schon Präsidenten verschluckt haben!*

## Oklahoma

§ In Tulsa darf eine Mineralwasserflasche nur unter Aufsicht eines staatlich geprüften Ingenieurs geöffnet werden.
Ebenso ist es untersagt, ein Stück aus dem Hamburger eines Fremden herauszubeißen.

## Texas

§ In Lefors verstößt man gegen das Gesetz, wenn man im Stehen mehr als drei Schluck Bier zu sich nimmt.

### Washington
§ Hier sind alle Dauerlutscher verboten.

### Wisconsin
§ Nach einem Gesetz des Staates ist es illegal, in Restaurants Apfelkuchen ohne Käse zu servieren.

## Alles verboten!

### Alabama
§ In Montgomery ist es verboten, einen Regenschirm auf offener Straße aufzuspannen.
Dieses Gesetz sollte ursprünglich verhindern, dass Pferde sich erschrecken und daraufhin scheuen.

### Arizona
§ In Nogales ist es verboten, in der Öffentlichkeit Hosenträger zu tragen.

### Arkansas
§ Es ist illegal, den Namen des Staates Arkansas falsch auszusprechen.

### Colorado
§ Wer in Denver seinen Staubsauger an die Nachbarn verleiht, verstößt gegen das Gesetz.

### Florida
§ In diesem Südstaat wird jeder bestraft, der an einem Donnerstag nach 18 Uhr in aller Öffentlichkeit einen Darmwind entweichen lässt.
§ In Pensacola ist es strafbar, weniger als 10 US-Dollar bei sich zu führen.

### Georgia
§ Es ist verboten, in Jonesboro die Worte „oh, boy" auszusprechen.

§ Ein Gesetz verbietet es den Friseuren, ihre Preise auszuhängen.
§ Es ist ungesetzlich, einem Gottesdienst ohne ein geladenes Gewehr beizuwohnen.

### Hawaii
§ Auf Hawaii ist es verboten, sich einen Penny in das Ohr zu stecken.

### Illinois
§ Ein Gesetz in Chicago verbietet es, während eines Brandes zu essen.

### Iowa
§ Ein Gesetz in Fort Madison legt fest, dass die Feuerwehr erst 15 Minuten die Brandbekämpfung üben muss, bevor sie zu einem Einsatz ausrücken darf.
§ Ein Gesetz des Staates verbietet es jedem Etablissement, für ein Konzert eines einarmigen Pianisten Eintritt zu kassieren.

### Kalifornien
§ In Cupertino ist es illegal, gut hörbar rückwärts im Hexadezimalsystem zu zählen.
§ In Los Angeles sind aufwändige, farbenprächtige Anzüge (sog. zoot suits) gesetzlich verboten. Dieses Gesetz wurde 1943 erlassen. Aufgrund der amerikanischen Kriegsanstrengungen waren gute Textilstoffe rar und Kleidungsstücke, für die mehr Textilien als unbedingt nötig verarbeitet wurden, galten als unpatriotisch. Solche Kleidungsstücke wurden aus traditionellen und landsmannschaftlichen Gründen hauptsächlich von Mexikanern und Bürgern spanischer Abstammung getragen (Latinos), was Jugendliche zum Anlass nahmen, diese Bevölkerungsgruppe zu verfolgen (zoot suit riots). Mit dem Gesetz versuchten die Stadtväter von Los Angeles, diese Aufstände zu unterdrücken.

## Kentucky

§ In Lexington ist es illegal, Eiscremehörnchen in der Hosentasche zu transportieren.

## Maryland

§ In Baltimore ist es verboten, Waschbecken zu säubern, egal wie dreckig sie auch sind.

§ Ebenso ist das Werfen von Heuballen aus dem zweiten Stock eines Gebäudes untersagt.

§ Im Kreis Montgomery kann seit Ende 2001 der Zug an einer Zigarette in der eigenen Wohnung mit einer Strafe von 750 US-Dollar geahndet werden. Die Strafe wird fällig, wenn der Zigarettenrauch durch Türen, Fenster, Entlüftungsschlitze oder Wandritzen zum Nachbarn quillt.

## Massachusetts

§ In Brockton müssen die Bürger eine Lizenz beantragen, um eine Schneiderei betreten zu dürfen.

§ Das Lesen von Büchern oder Zeitungen in den Straßen von Southbridge ist nach 20 Uhr verboten.

§ Es ist verboten, an einem Sonntag Windeln auszuliefern.

§ Ein Gesetz verbietet es Trauernden, während der Totenwache mehr als drei Sandwiches zu essen. *Wem ist da schon nach Essen ...*

§ Eine alte Verordnung des Staates erklärt alle Spitzbärte als illegal, es sei denn, der Träger bezahlt eine Gebühr für das Privileg, einen tragen zu dürfen.

§ In Fitchburg dürfen Friseure keinen Kamm hinter dem Ohr tragen.

## Minnesota

§ Nach einem 1997 verabschiedeten Gesetz müssen in Minnesota alle offiziellen Landmarken, die den Begriff „Squaw" (in der indianischen Sprache Sioux bedeutet das Wort „Frau") enthalten, umbenannt werden.

Der Grund für die Umbenennung war jedoch nicht etwa die postume Gleichberechtigung der Indianer, sondern die öffentlich gewordene Erkenntnis zweier Studenten, die herausgefunden hatten, dass das Wort „Squaw" in der Sprache eines anderen Indianerstammes, nämlich der früher in Minnesota ansässigen Ojibwa-Indianer, eigentlich „Vagina" bedeute. Erst daraufhin entschlossen sich die empörten Gesetzgeber des Bundesstaats, keine „pornographischen" Landmarken zu unterstützen.

### Oklahoma

§ Im Abschnitt 363 der Stadtverordnung von Harthahome City wird es für illegal erklärt, eine hypnotisierte Person in einem Schaufenster abzustellen. *So etwas tut man auch nicht!*

### Nebraska

§ Die Gesetze verbieten es den Friseuren in Omaha, einem Mann die Brust zu rasieren.

### Nevada

§ In Las Vegas ist es verboten, Zahnprothesen zu verpfänden. *Was tut man nicht alles, wenn man pleite ist und unbedingt in Las Vegas weiterspielen will?*

### New Hampshire

§ Ein Gesetz des Staates verbietet es, in einem Café, einer Kneipe oder in einem Restaurant im Takte der Musik mit dem Kopf zu nicken, mit den Füßen zu klopfen oder der Musik auf irgendeine andere Weise Aufmerksamkeit zu widmen.

### New York

§ In Greene ist es verboten, auf den Straßen rückwärts zu laufen und Erdnüsse zu essen, wenn ein Konzert stattfindet.

§ In der Stadt New York ist es untersagt, jemandem nur zum Spaß einen Ball gegen den Kopf zu werfen.

### North Carolina

§ In den Straßen von Ashville ist das Niesen verboten worden.

§ Der Senat des Staates verabschiedete 2001 ein Gesetz, welches verbietet, in Gegenwart einer Leiche zu fluchen.

### Ohio

§ Ein Gesetz in Portsmouth stellt Baseballspieler auf dieselbe Stufe wie Stadtstreicher, Diebe und andere zwielichtige Gestalten.

§ Ende 2001 schlug ein Ratsmitglied aus Cleveland vor, die bei Jugendlichen beliebten tief hängenden „Halbmast-Hosen" gesetzlich verbieten zu lassen. Träger solcher Hosen sollten mit einer spürbaren Geldstrafe belangt werden.
Die Gesetzesinitiative wurde nicht umgesetzt.

### Rhode Island

§ In Newport darf nach Sonnenuntergang keine Pfeife mehr geraucht werden.

§ In der Stadt Province ist es verboten, an einem Sonntag Zahnbürste und Zahnpasta an denselben Kunden zu verkaufen.

### South Dakota

§ Es ist gesetzlich verboten, in einer Käserei einzuschlafen.

§ Ferner ist es strengstens untersagt, sich in irgendeiner Form despektierlich über den Staat, seine Gesetze und/oder seine Polizei zu äußern.

## Tennessee

§ Eine Person, die ein Duell verweigert hat, einen „Feigling" zu nennen, ist in Tennessee gesetzlich untersagt.

## Texas

§ In Borger dürfen folgende Dinge nicht geworfen werden: Konfetti, Gummibälle, Feuerwerkskörper, Staubwedel und Peitschen. *Silvester muss dort ganz schön langweilig sein.*

§ Eine Verordnung bestimmt, dass eine Person mindestens zwei Rinder besitzen muss, bevor sie in aller Öffentlichkeit Cowboystiefel tragen darf.

§ In Clarendon ist es verboten, in einem öffentlichen Gebäude mit einem Federstaubwedel abzustauben.

§ Ein texanisches Gesetz verbietet den Besitz von Kombizangen.

§ Nach einer Verordnung dürfen nur solche Personen barfuß gehen, welche zuvor eine spezielle Erlaubnis für 5 US-Dollar erworben haben.

§ Den städtischen Angestellten der Kleinstadt Argyle mit rund 2300 Einwohnern war es verboten, während der Arbeitszeiten zu tratschen und zu lästern. Erst im Jahr 2000 wurde diese Verordnung aufgehoben.

§ Laut Verfassung ist der Gouverneur des Staates verpflichtet, die Grenzen seines Staates gegen das feindliche Eindringen von Indianern und anderen räuberischen Banden zu sichern.
Bei einer Volksabstimmung stimmten die Texaner im Jahre 2001 dafür, den Paragrafen endlich aus der mehr als 100 Jahre alten Verfassung zu streichen.

## Utah

§ In der Olympiastadt Salt Lake City ist es verboten, mit einer in einer Papiertüte verstauten Violine auf die Straße zu gehen.

### Vermont

§ In diesem Bundesstaat wird per Gesetz verboten, was auch in Florida untersagt ist – und wahrscheinlich ohnehin kein Mensch schaffen dürfte: unter Wasser zu pfeifen.

### Virginia

§ Keiner Person ist es auf dem Flughafengelände in Upperville erlaubt, auf einem Stuhl sitzend die Sonntagszeitung zu lesen, während ein Gottesdienst stattfindet.

### Washington

§ In der amerikanischen Stadt Fairfax darf nur in Schlafzimmern geschlafen werden. Das Übernachten in anderen Räumen ist gesetzlich verboten.

### West Virginia

§ In Nicholas County ist es Pfarrern gesetzlich untersagt, von der Kanzel aus Witze zu erzählen. *In der Kirche gibt es eben nichts zu lachen!*

### Wisconsin

§ In Racine ist es illegal, einen schlafenden Feuerwehrmann aufzuwecken.
*Da kann man nur hoffen, dass er nicht mit einer brennenden Zigarette eingeschlafen ist!*


## Contest of the best:
## Die überflüssigsten Gesetze aus allen Bundesstaaten

### Alabama

§ Ein Kind darf die Schule nicht besuchen, wenn es Mundgeruch hat und/oder nach „wilden Zwiebeln" riecht.

§ Wenn eine Eisenbahnstrecke eine Ortschaft passiert, die weniger als eine Meile entfernt ist und mehr als 100 Einwohner hat, muss die Ortschaft einen Bahnhof bauen, damit die Passagiere einund aussteigen können.
§ Im Zug zu dösen ist verboten.
§ Dem Staatsgesetz entsprechend darf niemand eine rote oder eine schwarze Flagge besitzen.
§ Wenn Sie im Theater einen Hut tragen, können Sie bestraft werden.
§ Überfahrene Tiere müssen nach Hause mitgenommen werden.
§ Unter Wasser ist das Flüstern verboten.

### Alaska

§ Zwar ist es erlaubt, einen Bären zu erschießen, aber einen Bären aus dem Schlaf zu wecken in der Absicht, ein Foto von ihm zu machen, ist streng verboten.

### Arizona

§ Jede Straftat, die mit einer getragenen roten Maske verübt wird, ist ein Kapitalverbrechen.
§ Nicht nur das Fällen einer Kaktee, sondern auch das Stutzen wird mit bis zu 25 Jahren Gefängnis bestraft.
§ Esel dürfen nicht in Badewannen schlafen.
§ Wenn Sie von einem Räuber oder Kriminellen angegriffen werden, dürfen Sie sich nur mit den gleichen Waffen verteidigen, über die der Angreifer verfügt.
§ Es ist ungesetzlich, einer Person ein Glas Wasser zu verweigern.

### Arkansas

§ Hier verbietet ein Gesetz, dass Lehrer, die eine Bubikopf-Frisur tragen, eine Gehaltserhöhung bekommen.
§ Krokodile dürfen nicht in Badewannen gehalten werden.

§ Bei Wahlen darf ein Wähler maximal fünf Minuten brauchen, um seine Stimme abzugeben.

**Kalifornien**

§ Den Bewohnern des Bundesstaates wird per Gesetz Sonnenschein garantiert.
Nachdem das Gesetz zunächst lediglich für die Stadt San Francisco Geltung hatte, wurde es angeblich auf den ganzen Staat ausgeweitet.

§ In einem Umkreis von 450 Metern von Gaststätten, Schulen oder Arbeitsplätzen ist es allen Tieren verboten, mit der Öffentlichkeit in Berührung zu kommen.

§ Es ist verboten, aus einem fahrbaren Untersatz nur zum Spaß auf irgendwelche Ziele zu schießen. Es sei denn, das Ziel ist ein Wal.

§ Das Fahren mit einer Haushaltsschürze ist Frauen verboten.

§ Fahrzeuge ohne Fahrer dürfen nicht schneller als 96 Kilometer pro Stunde fahren.

§ Die meisten Tiere dürfen nicht als Haustiere gehalten werden, zum Beispiel Schlangen, Elefanten und Faultiere.

§ In Tierkäfigen müssen Eidechsen und Schlangen unter den gleichen Bedingungen wie Hunde und Katzen gehalten werden.

**Colorado**

§ Autohändler dürfen ihre Fahrzeuge an Sonntagen nicht ausstellen und nicht bewerben.

§ Liquor Stores (Schnapsläden) dürfen keine Lebensmittel verkaufen. Lebensmittelgeschäfte dürfen überhaupt keinen Alkohol verkaufen, mit Ausnahme von Bier – aber nur dann, wenn der Gerstensaft weniger als 3,2 Prozent Alkohol aufweist.

§ An Feiertagen und Sonntagen ist der Verkauf von Alkohol generell verboten.

§ Wer Grippe hat oder erkältet ist, darf kein Pferd reiten.

## Connecticut
§ Die Polizei darf Sie anhalten, wenn Sie mit dem Motorrad schneller als 65 mph fahren.
§ Es ist nicht erlaubt, gebrauchte Rasierklingen wegzuwerfen.
§ Nach 20 Uhr oder an Sonntagen ist er verboten, Alkohol zu kaufen.
§ Eine Handfeuerwaffe auf einer öffentlichen Bundesstrasse zu entladen ist verboten.
§ Niemand darf einen weißen Stock zum Schlagen benutzen, es sei denn, er ist blind.

## Delaware
§ Sie dürfen nichts überfliegen, das Wasser enthält. Außer, Sie haben ausreichend Vorräte an Getränken und Lebensmitteln an Bord.

## Florida
§ Frauen können bestraft werden, wenn sie beim Frisörbesuch unter einer Trockenhaube einschlafen. Der Salonbesitzer kann ebenfalls bestraft werden.
§ Ein Sondergesetz verbietet unverheirateten Frauen an Sonntagen das Fallschirmspringen, oder sie riskieren eine Festnahme, Geldstrafe und/oder Gefängnis.
§ Es ist verboten auf öffentlichen Plätzen zu singen, wenn Sie nur Badekleidung tragen.
§ Ein Mann darf sich nicht in der Öffentlichkeit zeigen, wenn er keine Kleidung mit einem Gürtel trägt.
§ Skateboard fahren ohne ausdrückliche Erlaubnis ist verboten.
§ Es ist verboten, mehr als drei Teller täglich zu zerschlagen oder die Ränder von mehr als vier Tassen oder Saucieren kaputt zu machen.
§ Pferdediebstahl wird mit Tod durch Erhängen bestraft.

§ Es ist verboten, eine von Fuhrwerken benutzte Straße zu blockieren.

## Georgia

§ Es ist illegal, sich in Anwesenheit eines Toten, der beim Bestattungsunternehmer oder im Leichenschauhaus aufgebahrt liegt, unchristlich zu benehmen.

§ Wenn Sie durch aggressive Worte eines Angreifers provoziert werden, können Sie im Falle eines Duells die Wahl der Waffe für sich reklamieren.

§ Während die Staatsversammlung tagt, können deren Mitglieder nicht für eine Geschwindigkeitsübertretung bestraft werden.

§ Affen dürfen nicht in Waschbecken gehalten werden.

§ Unterschriften müssen unbedingt in Englisch geschrieben werden.

§ Sonntags dürfen Sie keine Eiscreme in Ihrem Rucksack transportieren.

## Hawaii

§ Einwohner, die kein Boot besitzen, können bestraft werden.

## Idaho

§ Das Fischen von einem Kamelrücken aus ist strengstens untersagt.

§ Wer auf den Boden eines öffentlichen Platzes spuckt, kann mit einer Geldstrafe bis zu 50 US-Dollar belangt werden.

§ Sonntags mit einem Karussell zu fahren ist eine ernsthafte Straftat.

## Illinois

§ Wenn Sie andere heimlich belauschen, können Sie aufgrund Ihrer eigenen Aussage mit bis zu drei Jahren Gefängnis bestraft werden.

§ Sie müssen sich bei der Polizei melden, bevor Sie in einem Auto in eine Stadt einfahren.

§ Die englische Sprache darf hier nicht gesprochen werden.

**Indiana**

§ Zwischen Oktober und März darf nicht gebadet werden.

§ Das Verkaufen von Autos ist an Sonn- und Feiertagen untersagt.

§ Balancieren auf dem Bordstein ist strengstens verboten.

§ Jemand, der einen Vogel oder einen Hasen färbt, lackiert oder das Aussehen des Vogels oder Hasen in anderer Weise verändert, begeht eine Straftat.

§ Ein Schnapsladen darf keine kalten Erfrischungsgetränke verkaufen. Ebenso darf dort keine Milch und kein Milchshake angeboten werden.

§ Lebensmittelgeschäfte dürfen keine gekühlten Alkoholika verkaufen.

§ Niemand darf rückwärts in eine Parklücke fahren, weil es die Polizei daran hindert, das Nummernschild zu erkennen.

§ Im Bundesgerichtshof darf nicht geraucht werden. Es sei denn, der Gerichtshof tagt.

§ Das Fälschen von Schecks kann mit einer öffentlichen Auspeitschung von bis zu 100 Schlägen bestraft werden.

§ Jungen dürfen nicht auf Bäume klettern. Männer ab 16 Jahren, die auf Bäume klettern, können mit einer Geldstrafe belangt werden. Männer, die auf Bäume klettern, deren Äste über ein Nachbargrundstück reichen, können mit bis zu einem Monat Gefängnis bestraft werden.

§ Fußgänger, die nachts die Autobahn überqueren, dürfen keine Schlusslichter tragen.

§ Niemand darf einen Fisch nur mit der bloßen Hand fangen.

- § Männer dürfen in einer Bar nicht stehen.
- § Niemand darf einen Cocktail von der Bar an einen Tisch tragen. Dies darf ausschließlich der dort angestellte Kellner tun.
- § Freigetränke auf Kosten des Hauses sind illegal. Gastwirte, die gleichwohl Freigetränke anbieten, können damit bestraft werden, ein ganzes Jahr nur Milch und Wasser ausschenken zu dürfen.
- § In einer Bar kann das Trinken aus einer eigenen Flasche mit Gefängnis bestraft werden.
- § Sie müssen Ihr Getränk in ein Glas schütten.
- § Boshaftes Tratschen ist verboten.
- § Regierungsmitarbeiter, die in ein Duell verwickelt werden, können ihres Amtes enthoben werden.
- § Alle Männer zwischen 18 und 50 Jahren müssen an sechs Tagen im Jahr beim Bau öffentlicher Straßen und Wege mitarbeiten.
- § Schnurrbärte sind illegal, wenn der Träger die Neigung hat, ständig andere Menschen zu küssen.
- § Die Bettlaken in Hotels müssen exakt 99 Inches lang und 81 Inches breit sein.
- § Puppenspiel, Drahtseiltanz und akrobatische Veranstaltungen gegen Geld werden in Indiana mit einer Strafe von 3 US-Dollar bestraft, um unmoralische Veranstaltungen zu verhindern.
- § Einwohner ab 14 Jahren, die den Namen von Gott, Jesus Christus oder des Heiligen Geistes beleidigen oder in ihrem Namen fluchen, werden für jede Tat mit 1 US-Dollar bestraft. Die Höchststrafe für notorische Flucher und Lästerer kann sich auf 10 US-Dollar belaufen.
- § Um das Kartenspiel zu verhindern, wird jeder Kartenspieler in Indiana mit einer Strafe von 3 US-Dollar pro Kartenspielpackung bestraft.
- § Der Wert der Zahl Pi, mit der der Kreisumfang berechnet wird, beträgt exakt 4 und nicht etwa – wie es wirklich ist – 3,1415.
*Behaupten Sie besser nichts anderes!*

## Iowa

§ Es ist ein Gesetzesverstoß, wenn jemand Drogen oder Rauschgift verkauft oder verteilt, ohne ein gültiges „Iowa-Drug-Tax-Stamp" (Steuerbanderole) zu besitzen.

## Kansas

§ Das Staatsgesetz verbietet die Jagd auf Enten mit Hilfe von Maultieren. *Seit wann bitte apportieren Maultiere denn?!*

§ Wenn sich zwei Züge auf der gleichen Schiene treffen, darf keiner von beiden weiterfahren, bevor nicht der andere passiert hat.

## Kentucky

§ Jede Person, die eine Reptilienart während einer religiösen Versammlung oder religiösen Dienstleistung zur Schau stellt, damit umgeht oder sie benutzt, soll mit mindestens 40 und maximal 100 US-Dollar bestraft werden.

§ In Kentucky ist das Fischen mit Pfeil und Bogen verboten.

§ Im Ohio River ist das Fischen ohne Indianer-Angel-Erlaubnis verboten.

§ Alle Bienen, die über das Staatsgebiet von Kentucky flogen oder in den Bundesstaat einreisten, sollten bis 1948 ein Zertifikat bei sich führen, das zweifelsohne nachwies, dass ihre Herkunft frei von ansteckenden oder infektiösen Krankheiten war.

## Louisiana

§ Es ist verboten, eine Bank auszurauben und danach auf den Bankangestellten mit einer Wasserpistole zu schießen.

§ Auf öffentlichen Plätzen ist das Gurgeln verboten.

§ In Hotels und Motels ist es verboten, zu schnarchen, wenn andere Gäste dadurch gestört werden. Bei Zuwiderhandlung droht eine Geldstrafe.

### Maine

§ Wer seine Weihnachtsdekoration bis zum 14. Januar nicht entfernt hat, wird bestraft.

§ Während ein Flugzeug fliegt, ist das Aussteigen verboten.

§ Es ist erforderlich, Gewehre mit in die Kirche zu nehmen, um nicht durch einen Indianerangriff überrascht zu werden.

### Maryland

§ Im gesamten Bundesstaat dürfen keine Disteln angepflanzt werden.

### Massachusetts

§ Nach dem Aufwachen dürfen Trauernde nicht mehr als drei Sandwiches essen.

§ Schnarchen ist verboten, solange nicht alle Schlafzimmerfenster geschlossen und ordentlich verriegelt sind.

§ Taxifahrer dürfen während einer Beförderungsfahrt keinen Sex auf den Vordersitzen haben.

§ Sonntags ist die Jagd verboten. Gefischt werden darf hingegen schon.

§ Es ist verboten, ins Bett zu gehen, wenn man zuvor kein Vollbad genommen hat.

§ In einer Stadt darf ein Maultier nicht im zweiten Stockwerk eines Hauses aufbewahrt werden, es sei denn, das Haus hat mindestens zwei Ausgänge.

§ Vor dem 1. Mai ist es verboten, weniger als 24 Enten auf einmal zu verkaufen. Außerdem ist es verboten, Hasen, Hühner oder Enten zu verkaufen, deren Aussehen durch künstliche Farbe verändert wurde.

§ Beim Bau eines Hauses darf niemand auf Stelzen arbeiten.

§ Es ist verboten, mexikanisches, texanisches oder indianisches Vieh auf öffentlichen Straßen zu treiben.

§ Auf dem Rücksitz eines Autos darf niemals ein Gorilla befördert werden.

- § Tätowieren und Piercen ist verboten.
- § Kinder dürfen zwar rauchen, aber keine Zigaretten kaufen.
- § Bei der Zubereitung einer Suppe aus Venusmuscheln dürfen keine Tomaten hinzugegeben werden.
- § Hexen und Quacksalber sind verboten.
- § Kugeln (von Waffen) dürfen nicht als Währung benutzt werden.
- § Die Zusammenarbeit mit der Kommunistischen Partei ist verboten.
- § Öffentliche Boxveranstaltungen sind ungesetzlich.
- § Das Beschädigen oder Zerstören eines Pfostens von einem Football-Tor wird mit 200 US-Dollar bestraft.
- § Das Verunstalten eines Milchkartons wird mit 10 US-Dollar bestraft.
- § Es ist illegal, eine Taube zu erschrecken.

### Michigan

- § Für jeden Rattenkopf, der im Council abgeliefert wird, erhält man eine Belohnung von 10 Cents.
- § Wenn Sie einen Räuber in Ihrem Haus verletzen, hat er das Recht, Klage gegen Sie einzureichen.
- § In Anwesenheit von Frauen und Kindern dürfen Sie im Staat Michigan nicht fluchen.
- § Jede Person, die älter als zwölf Jahre und nicht vorbestraft ist, hat das Recht eine Waffe zu tragen. Dazu kann ein Waffenschein ausgestellt werden.

### Minnesota

- § Wenn Sie eine Ente auf Ihrem Kopf tragen, dürfen Sie nicht nach Minnesota einoder ausreisen.
- § Sollten Sie ein Huhn auf dem Kopf tragen, ist die Ein- oder Ausreise nach bzw. von Minnesota ebenfalls verboten.
- § Motorradfahrer müssen ein Hemd tragen. Von Helmpflicht ist hingegen nicht die Rede.
- § Alle Badewannen müssen Füße haben. *Wozu das wohl gut sein soll?!*

## Mississippi

§ Viehdiebstahl wird mit Erhängen bestraft.

§ Im Umkreis von 50 Fuß eines Hauses dürfen keine Pferde gehalten werden.

§ Wenn ein Einwohner mit einem anderen Einwohner zusammenlebt, der/die nicht mit ihm verheiratet ist, oder eine sexuelle Beziehung mit diesem Einwohner hat, ohne mit ihm verheiratet zu sein, oder von einem solchen Verhältnis in seiner Nachbarschaft weiß, ohne es zu melden – der oder die kann mit einer Strafe in Höhe von 500 US-Dollar und/oder mit sechs Monaten Gefängnis bestraft werden.

§ Landstreicherei wird mit entweder 30 Tagen Gefängnis oder mit 200 US-Dollar bestraft.

§ Wenn Sie eine „unnatürliche Beziehung" mit jemanden haben, werden Sie mit maximal zehn Jahren Gefängnis und mit einer Geldbuße von 10 000 US-Dollar bestraft.

## Missouri

§ Auf den Highways ist das Rasen erlaubt.
Dieses Gesetz wurde aufgehoben.

§ Filme und Bücher über die historische Figur des Robin Hood sind verboten, da diese als kommunistische Propaganda angesehen werden könnten.

## Montana

§ Wenn sieben oder mehr Indianer eine Straftat oder einen Überfall planen, ist es erlaubt, sie zu erschießen.
Das Gesetz wurde aufgehoben.

§ Verheiratete Frauen dürfen sonntags nicht alleine fischen gehen. Unverheirateten Frauen ist generell verboten, alleine fischen zu gehen.

§ Das Aufführen von Filmen, die verbrecherische Straftaten zeigen, ist verboten.

§ Wenn eine Frau die Post ihres Mannes öffnet, begeht sie ein Verbrechen.

§ Ein Schaf darf sich niemals alleine im Führerhaus eines Lastkraftwagens aufhalten.

### Nebraska

§ Wenn Kinder in der Kirche rülpsen, können ihre Eltern dafür bestraft werden.

§ Das Jagen und Fangen von Walen ist verboten.
*Übrigens: Auch Nebraska liegt nicht am Meer!*

§ Barbesitzer dürfen Bier nur dann verkaufen, wenn sie gleichzeitig einen Kessel voll Suppe kochen.

### Nevada

§ Innerhalb Ihres Privatgrundstücks ist es erlaubt, jemanden aufzuhängen, wenn er Ihren Hund erschossen hat.

§ Das Kamelreiten ist auf der Autobahn verboten.

### New Hampshire

§ Man darf seine Kleidung nicht verkaufen, um Spielschulden bezahlen zu können. Auch dürfen Frauen Männern keinesfalls ihre Kleidung anbieten, um Spielschulden begleichen zu können.

§ Sie dürfen nicht unter falschem Namen in ein Hotel einkehren.

§ Am Strand ist das Einsammeln von Seegras, Tang, Algen oder Muscheln verboten.

§ Rinder oder Kühe, die eine Straße überqueren, müssen über eine Vorrichtung verfügen, die ihren Kot einsammelt.

§ Das Bedienen von Maschinen ist an Sonntagen untersagt.

§ Wenn Sie an Sonntagen auf die Toilette gehen, dürfen Sie während Ihrer Erleichterung nicht zum Himmel schauen.

### New Jersey

§ Die Selbstbedienung an Tankstellen ist verboten. Alle Tankstellen dürfen nur mit Servicepersonal

betrieben werden. Das Personal darf während der Bedienung eines Kunden weder rauchen, alkoholische Getränke zu sich nehmen oder Sex mit dem Kunden haben.
- § Auf Autobahnen ist das Parken unter Brücken verboten.
- § Während der Fischfangsaison ist Männern das Stricken verboten.
- § Einem Polizist gegenüber die Stirn zu runzeln oder mit den Augen zu blinzeln ist streng verboten.
- § Wenn Sie für eine Trunkenheitsfahrt bestraft wurden, dürfen Sie nie wieder ein Wunschkennzeichen für Ihr Auto beantragen.
- § Niemand darf seine Suppe schlürfen. Gästen, die dies trotzdem in einer öffentlichen Gaststätte tun, darf die Suppe weggenommen werden, um sie einem anderen Gast anzubieten.
- § Wenn eine Pferdekutsche abgespannt wurde, darf ein Autofahrer nicht daran vorbeifahren.
- § Brieftauben dürfen während ihrer Tätigkeit weder behindert noch aufgehalten werden.

### New Mexico
- § Aus Shakespeares Werk „Romeo und Julia" wurden per Gesetz 400 Worte mit eindeutig sexuellem Inhalt entfernt.

### New York
- § Bevor man Wäsche an der Wäscheleine aufhängen darf, muss eine Genehmigung erworben werden.
- § Wenn Sie aus oder von einem Gebäude springen, werden Sie mit dem Tode bestraft.
- § Eine New Yorker Ehe kann nur wegen „unüberbrückbarer Differenzen" geschieden werden, wenn beide Ehepartner damit einverstanden sind. Widerspricht ein Partner, muss der andere Partner beweisen, dass die Verweigerung der Zustimmung falsch ist. Beweisen kann er dies mit dem „Beweis", dass

seit mindestens einem Jahr kein sexueller Verkehr mehr stattgefunden hat oder dass der andere Partner die Ehe gebrochen hat. Im Falle der gelungenen Beweisführung wird der die Ehescheidung verweigernde Partner für zwei bis drei Jahre hinter Gitter gesperrt.
- § Wenn Sie in einem Fahrstuhl fahren, müssen Sie mit niemandem reden, sollten die Hände falten und zur Tür schauen.
- § Ab 10 Uhr morgens dürfen keine Pantoffeln mehr getragen werden.

### North Carolina

- § Singen ohne Noten ist strengstens untersagt.
- § Alle Paare, die in einem Hotelzimmer übernachten, müssen ein Zimmer haben, in dem die Betten mindestens 60 Zentimeter voneinander entfernt stehen. Sex im Raum zwischen den Betten ist verboten.
- § Sex auf einem Kirchengelände ist untersagt.
- § Oralsex verstößt gegen die menschliche Natur und ist deshalb strengstens verboten.
- § Eine Hochzeit kann annulliert werden, wenn einer der beiden körperlich schwach oder hilflos ist.

### North Dakota

- § Solange ein Einwohner seine Schuhe an hat, darf er sich nicht hinlegen und einschlafen.

### Ohio

- § Mit 25 US-Dollar wird bestraft, wer am Feiertag des „Decoration-Day" in der Nähe, das heißt im Umkreis von einer Meile, eines öffentlichen Redners Kricket spielt oder Hufeisen wirft.
- § Frauen dürfen in der Öffentlichkeit keine Lederschuhe tragen.
- § Sonntags ist das Angeln von Walen verboten.
- § Fischen Alkohol anzubieten oder sie damit zu füttern ist verboten.

§ Das Fahrschulgesetz von Ohio schreibt vor, dass Sie immer Ihre Hupe betätigen müssen, wenn Sie ein anderes Auto passieren. *Wenn das mal nicht zu Missverständnissen führt ...*

§ Das Teilnehmen an oder Veranstalten von Duellen ist verboten.

§ In der Öffentlichkeit dürfen Babys nicht mit der Brust gesäugt werden.

§ In einem Haus dürfen nicht mehr als fünf Frauen gemeinsam wohnen.

§ Die Missachtung von „wichtigen Gegenständen" wird mit 4000 US-Dollar bestraft. Wichtige Gegenstände sind die USA-Flagge, Denkmäler und Gedenktafeln in jeder Form, Indianer-Kunst, religiöse Kultgegenstände, Museen oder deren Inhalte, Gebäude und deren Inhalte, sofern es sich um indianisch genutzte Gebäude handelt.

§ Die Besitzer von Tigern müssen die Behörden innerhalb einer Stunde informieren, wenn ihr Haustier ausgebrochen ist.
*Ist das nicht ein bisschen spät?!*

§ Sonntags und am amerikanischen Nationalfeiertag (4. Juli) darf niemand verhaftet werden.
*Wenn das mal kein Anreiz für Gauner ist!*

### Oklahoma

§ Männer können verhaftet, eingesperrt oder bestraft werden, wenn sie Hunden Grimassen schneiden.

§ Hunde müssen eine vom Bürgermeister unterschriebene Erlaubnis vorweisen können, wenn sie sich auf einem privaten Grundstück zu einem Rudel von mehr als drei Hunden versammeln.

§ Vom Hamburger eines anderen ein Stück abzubeißen, ist verboten.

§ Während des Autofahrens ist das Lesen einer Comiczeitschrift verboten.

§ Die Hinterfüße von Tieren einer Farm dürfen nicht in Ihren Boots stecken.
*Wie kommt man nur auf solche Ideen?*
§ Die Einwohner müssen Steuern für ihre Möbel und das Eigentum ihrer Hausangestellten bezahlen.
Das Gesetz wurde aufgehoben.
§ Fahrzeuge müssen außerhalb von Gebäuden angeleint werden.
Das Gesetz wurde aufgehoben.
§ Oraler Sex ist hier nicht nur verboten, sondern wird bei Zuwiderhandlung mit 2500 US-Dollar und mindestens einem Jahr Gefängnis bestraft.
§ Prostituierte, die dafür bestraft wurden, Freier anzusprechen (das ist verboten), werden im Fernsehen mit Nennung des Namens und mit Foto gezeigt.
§ Wenn ein Mann (älter als 18 Jahre) mit einer Jungfrau (jünger als 18 Jahre) Sex hat, ist das vor dem Gesetz eine Vergewaltigung. War die Frau keine Jungfrau mehr, ist es erlaubt, wenn sie älter als 16 Jahre war. Wenn beide jünger als 18 Jahre sind, gilt das Gesetz nicht.
§ Tätowierungen sind verboten.
§ Das Spucken auf den Gehweg ist verboten.
*Finden wir sehr gut!*
§ Im Bett ist das Tragen von Schuhen verboten.
§ Auf dem Rücksitz eines Autos dürfen keine Papiertaschentücher liegen.

### Oregon

§ Geschirr darf niemals feucht, sondern muss immer trocken sein.
§ Es ist Ihnen verboten, die Details Ihrer medizinischen Behandlung herauszufinden. Unabhängig ob diese Details gesprochen oder aufgeschrieben sind. Selbst ein Gericht hat dazu kein Recht. Alles, was Sie erfahren dürfen, ist das was Arzt oder Krankenschwester freiwillig auf Ihren Krankenschein schreibt.

§ Kauf und Verkauf von Marihuana ist verboten. Allerdings ist das Rauchen davon auf einem Privatgrundstück erlaubt. Ebenso ist der Anbau erlaubt, wenn die Anbaustelle von einer Wuchsreihe „natürlicher" Pflanzen eingesäumt ist.

§ Sonntags darf keine Eiscreme gegessen werden.

§ Das Baden in unpassender Badekleidung ist verboten. Passende Badekleidung ist ein Textil, das den Körper vom Hals bis zu den Knien bedeckt.

§ Dosenmais darf nicht als Köder beim Angeln benutzt werden.

§ Es untersagt, mit einem Kopfsprung in ein öffentliches Schwimmbecken zu springen. Beim Absprung muss eine Hand auf dem Startblock ruhen. Dann muss mit den Füßen zuerst ins Becken gesprungen werden. Ausnahme: der Startsprung bei einem Wettkampf.

## Pennsylvania

§ Das Abfeuern von Pistolen, Gewehren, Kanonen oder anderen explosiven Waffen ist während einer Hochzeit verboten.

§ Es dürfen nicht mehr als 16 Frauen in einem Haus wohnen, da dies sonst ein Bordell darstellt. Allerdings dürfen bis zu 120 Männer in einem Haus wohnen, ohne sich strafbar zu machen.

§ Außerhalb eines Gebäudes darf nicht auf einem Kühlschrank geschlafen werden.

§ Jeder Fahrer, der nachts mit einem motorisierten Fahrzeug unterwegs ist, muss nach jeder gefahrenen Meile anhalten, ein Leuchtgeschoss in die Luft abfeuern und zehn Minuten warten, bis sich alle Lebewesen von der Straße entfernt haben.

§ Ein staatliches Reinigungsgesetz verbietet es Hausfrauen, Staub und Schmutz unter den Teppich zu kehren.

§ Singen in der Badewanne ist verboten.

§ Waffengeschäfte dürfen keine Waffen an Einwohner des Staates verkaufen.

§ Wer an einem Duell teilgenommen hat, kann nicht Gouverneur des Staates werden.

§ Wenn Ihnen als Autofahrer eine Herde Pferde entgegen kommt, müssen Sie die Straße verlassen, Ihr Fahrzeug mit einer Decke oder Plane bedecken, die farblich zum Gelände passt und die Pferde passieren lassen. Wenn die Pferde nervös werden, müssen Sie Ihr Fahrzeug Stück für Stück zerlegen und sich hinter dem nächsten Busch verstecken.

§ Hochzeiten dürfen nicht durchgeführt werden, wenn entweder die Braut oder der Bräutigam betrunken ist.

§ Sie dürfen höchstens zwei Kästen Bier auf einmal kaufen, es sei denn, Sie kaufen bei einem offiziellen „Bierhändler".

§ Schnapsläden dürfen lediglich vom Staat betrieben werden.

§ Fischfang mit Hilfe von Dynamit ist verboten.

§ Auf Ihrem Privatgrundstück dürfen Sie ohne Erlaubnis fischen. Das Jagen ist jedoch genehmigungspflichtig.

### Rhode Island

§ Die Aufforderung zu einem Duell oder die Annahme eines Duells kann mit bis zu sieben Jahren Gefängnis bestraft werden – selbst, wenn das Duell nie stattfindet oder niemals stattgefunden hat.

§ Pferderennen oder Geschwindigkeitstests auf Autobahnen sind verboten und werden mit 20 US-Dollar Geldstrafe und zehn Tagen Gefängnis bestraft.

§ Jede Arbeit, Beschäftigung, Sport, Erholung oder Spielen, aber auch das Ermöglichen solcher Betätigungen ist für Kinder, Lehrlinge und Diener an Sonntagen verboten. Die geringste Strafe bei Zuwiderhandlung liegt bei 5 US-Dollar. Im Wiederholungsfall können 10 US-Dollar erhoben werden.

§ Jede Heirat wird annulliert, wenn einer der beiden Ehepartner ein Idiot oder verrückt ist.

§ Wenn die Automatik eines Autos auf der Markierung „Neutral" steht oder beim Schaltgetriebe die Kupplung ausgerückt ist, darf mit diesem Auto nicht bergab gefahren werden.

## South Carolina

§ Wenn Sie versehentlich jemanden töten, der damit beschäftigt ist, sich selbst umzubringen, so ist dies ein Schwerverbrechen.

§ Es ist erlaubt, seine Ehefrau an Sonntagen auf den Stufen des Gerichtsgebäudes zu schlagen.

§ Pferdelose Wagen (also Autos) müssen 100 Fuß vor einer unübersichtlichen Kreuzung anhalten und die Fahrer müssen mit einer Feuerwaffe in die Luft schießen, damit Pferde gewarnt sind.

§ Sonntags ist der Verkauf von alkoholischen Getränken nur in privaten Clubs erlaubt.
Dieses strenge Gesetz wurde erst im Jahre 2000 aufgehoben.

§ Das Umkehren und Wenden im Abstand von 300 Metern und näher zu einer Kreuzung ist verboten.

§ Sonntags dürfen keine Musikinstrumente verkauft werden.

§ Sonntagsarbeit ist generell verboten. Auch, wenn jemand an Sonntagen in seinen Privaträumen arbeitet, kann er dafür belangt werden. Lediglich der Verkauf von Glühbirnen ist gestattet.

§ Tanzlokale dürfen an Sonntagen nicht öffnen.

§ In einer halben Meile Umkreis von einer Kirche dürfen nur Früchte verkauft werden.

§ Wahrsager brauchen eine spezielle Genehmigung des Staates.

§ Wenn ein Mann einer unverheirateten Frau die Hochzeit verspricht, muss er sie heiraten.

- § Sie dürfen keine obszönen Dinge zu einer Frau sagen. Dabei gilt die Nennung jedes Körperteils als obszön!
- § Die Flagge der Südstaaten darf nicht auf dem Gerichtsgebäude gezeigt werden.

## South Dakota

- § Nur wenn Pferde Schuhe tragen, dürfen sie das Gasthaus „Fountain Inn" betreten.
- § In einer Käsefabrik ist es verboten, sich hinzulegen und einzuschlafen.
- § Filme, in denen Polizisten bedrängt, geschlagen oder in einer anderen Weise aggressiv behandelt werden, dürfen nicht aufgeführt werden.
- § Wenn sich mehr als fünf Indianer auf Ihrem Grundstück aufhalten, dürfen Sie diese erschießen.

## Tennessee

- § Von einem fahrenden Auto aus dürfen nur Wale erlegt werden.
- § Hohle Baumstämme dürfen nicht verkauft werden.
- § Fische dürfen niemals mit einem Lasso gefangen werden.

*Erst mal erwischen vor Lachen ...*

- § Pferdediebstahl kann auch heute noch mit Erhängen bestraft werden.
- § Während Sie schlafen, ist es Ihnen untersagt, Auto zu fahren.

## Texas

- § In Texas ist es verboten, Graffiti auf fremde Kühe zu sprühen.
- § Im Umkreis von Austin darf man nur dann barfuß gehen, wenn man eine Erlaubnis bei der Stadt erstanden hat. Der Schein kostet 5 US-Dollar.
- § Wenn Sie stehen, dürfen Sie nicht mehr als drei Schluck Bier auf einmal trinken.

§ Das Fahren ohne Scheibenwischer ist verboten. Eine Windschutzscheibe ist nicht vorgeschrieben, aber Scheibenwischer müssen sein.
§ Vom zweiten Stock eines Hotels aus dürfen keine Büffel erschossen werden.
§ Das Melken einer fremden Kuh ist verboten.
§ Ein kürzlich verabschiedetes Anti-Verbrechensgesetz verpflichtet Kriminelle dazu, ihre Opfer 24 Stunden vor der Tat über selbige zu informieren. Die Information kann mündlich oder schriftlich erfolgen und muss die geplante Tat erklären.
§ Wenn man von einem Polizisten beobachtet wird, darf man während der Fahrt keinen Alkohol trinken.
§ Die gesamte englische Lexikonausgabe „Encyclopedia Britannica" wurde in Texas verboten, weil sie eine Formel enthält, die erklärt, wie man zu Hause Bier brauen kann.
*Schöne Grüße von Budweiser & Co.!*

### Utah

§ Von einem Pferd aus darf nicht gefischt werden.
§ Sobald eine Person 50 Jahre alt ist, kann er/sie seine/ihren Cousin/Cousine heiraten.
§ Wer keine Milch trinkt, macht sich strafbar.
§ Es ist verboten, nukleare Waffen zu zünden. Der Besitz allerdings ist erlaubt.
§ Vögel haben auf allen Straßen Vorfahrt.
§ Der Ehemann ist verantwortlich für alle Straftaten, die seine Frau begeht, solange sie in seiner Gegenwart stattfinden.
§ Restaurants dürfen Mahlzeiten zum Wein servieren, auch wenn ein Gast nur nach der Weinkarte gefragt hat.
§ Wenn ein Krankenwagen im Einsatz ist, darf im hinteren Bereich des Fahrzeugs unter keinen Umständen Sex stattfinden.

## Vermont

- § Die Existenz Gottes zu leugnen, ist verboten.
- § Giraffen dürfen nicht an Telefonmasten festgebunden werden.
- § Frauen benötigen eine schriftliche Genehmigung ihres Gatten, wenn sie falsche Zähne tragen wollen bzw. müssen.

## Virginia

- § Der Verkauf von Kopfsalat ist an Sonntagen verboten. Der Verkauf von Wein und Bier hingegen erlaubt.
- § Oralsex ist verboten. Analsex gilt als „tierisch" und ist deshalb ebenso untersagt.
- § Barfuß Auto fahren ist verboten.
- § Der Einbau von elektronischen Warngeräten vor Radarfallen der Polizei ist unter Strafandrohung von bis zu 5000 US-Dollar verboten. Kauf, Verkauf und Besitz sind nicht verboten.
- § Frauen zu kitzeln ist verboten.

## West Virginia

- § Lollipops (Dauerlutscher) sind verboten.
- § Die US-amerikanische Flagge zu verschmieren ist verboten.
- § Sonntags dürfen keine Matratzen gekauft werden.
- § Alle Autos müssen tagsüber von einer Person, die eine rote Flagge schwenkt, begleitet werden. Nachts ist die rote Flagge durch eine Lampe zu ersetzen.
- § Es ist verboten, so zu tun, als ob die eigenen Eltern reich seien.
- § Babys mit der Brust zu stillen ist in der Öffentlichkeit verboten.
- § Sonntags ist der Verkauf von jeder Art Fleisch verboten.

## Wisconsin

§ In den Gefängnissen des Staates darf nur echte Butter serviert werden.

§ Einwohner dürfen ihre Feinde nicht töten.

§ Für die Herstellung von Käse benötigt man eine Erlaubnis, für die Herstellung von Limburger Käse ist jedoch ein zusätzlicher „Master Cheese Maker"-Schein erforderlich.

§ Das Küssen während einer Zugfahrt, die weniger als zwei Stunden dauert, ist verboten.

## Wyoming

§ Im Theater oder bei ähnlichen Aufführungen ist das Tragen von Hüten und von hohen Steckfrisuren, die die Sicht der anderen Besucher beeinträchtigen, untersagt.

§ Wenn Frauen in einer Bar etwas trinken, dürfen sie nicht weiter als fünf Fuß von der Theke entfernt stehen.

§ Nilpferde dürfen grundsätzlich nicht fotografiert werden – es sei denn, der Fotograf hätte deren ausdrückliche Erlaubnis.

*Do You speak Hippopotamusish?*
Es ist wirklich verrückt, was in den 50 nordamerikanischen Bundesstaaten so alles verboten war und ist. Manchmal entzückt uns das wahrhaft kindliche Gemüt der Gesetzgeber, so in Alaska, wo keine Elche aus Flugzeugen geschubst werden dürfen, oder in Texas, wo Besucher einer Bar keinesfalls mehr als drei Schlucke Bier auf einmal trinken dürfen, solange sie stehen.

Gesetze, Vorschriften und Verordnungen dieser Art lassen uns schmunzeln und erinnern an die bereits beschriebene Neigung des einst von hemdsärmeligen Pionieren eroberten Kontinents, individuelle Vergehen und Delikte ein für alle Mal als ungesetzlich auszuschließen und auf die Allgemeinheit zu übertragen, um „Wohlverhalten" zu definieren.

Andere Verordnungen jedoch, an erster Stelle die Regelung in Alabama, nach der kein Kind die Schule besuchen darf, wenn es nach wilden Zwiebeln riecht, verweisen durchaus auf ernste und nicht so wohlgefällige Motive, wie die zweifellos rassistische Haltung früherer Gesetzgeber in den südlichen Bundesstaaten. Denn diese Verordnung zum Beispiel hatte zum Ziel, möglichst viele schwarze Kinder vom Unterricht auszuschließen, deren Ernährung eben vorwiegend auf dem Anbau „wilder Zwiebeln" und anderer Feldfrüchte basierte.

Wie ein roter Faden jedoch durchzieht besonders das puritanische Menschenbild und eine im tiefsten Herzen reaktionäre Einstellung gegenüber dem weiblichen Geschlecht viele Gesetze und Verordnungen. Dabei haben wir, um den Spaßfaktor bei der Lektüre der „Verrückten Gesetze" zu erhalten, auf einige Regelungen, die in manchen Staaten beispielsweise zur Definition einer Vergewaltigung dienen, sogar verzichtet. Sie erinnern zu sehr an eine Zeit, in der Pferden und Hunden mehr Rechte zugesprochen wurden als Frauen.

Gleichwohl mag die Einstellung zur körperlichen Liebe, zu Erotik und Sex als größte gesetzgeberische Triebkraft gelten. Das Verbot in Virginia, Frauen zu kitzeln, kann in diesem Zusammenhang erheitern. In beinahe jedem Bundesstaat findet sich jedoch auch das Verbot von oralem Sex. Aus dem Blickwinkel körper- und lustfeindlicher Honoratioren mag dieses Tun wahrhaft teuflisch erscheinen. Interessanterweise musste sich ausgerechnet ein amerikanischer Präsident aus Arkansas, wo er vor seiner Inauguration als Gouverneur tätig war, wegen dieser Verfehlung vor dem Kongress rechtfertigen. Vielleicht gerade deshalb, weil in seinem Heimat-Bundesstaat bis heute sogar das Flirten verboten ist. Amerika – dir geht es auch nicht besser ...

## So entscheiden die Gerichte

Riesige Streitwerte und Schmerzensgeldklagen sind in den Vereinigten Staaten von Amerika mittlerweile an der Tagesordnung. Wenn das durchschnittlich karge Gehalt eines armen Rechtsanwalts aufgebessert werden kann, dann scheut das amerikanische Rechtssystem keine Mittel und Mühen.

§ Eine Frau schnitt sich in die Hand, als sie versuchte, tief gefrorene Hors d'œuvres mit einem Messer zu trennen. Sie verklagte den Hersteller der Tiefkühlkost, den Verpackungsbetrieb und den Supermarkt, in dem sie das Paket gekauft hatte. Das Gericht sprach der Frau mehr als 120 000 US-Dollar Schmerzensgeld zu.

§ Eine Autofahrerin in New Jersey hatte ein europäisches Autofabrikat erworben. Das Fahrzeug war mit einem in den USA üblichen Automatikgetriebe ausgestattet. Nachdem es der Frau drei Mal passiert war, dass der Wagen zügig rückwärts aus der Garage rollte – angeblich, ohne dass sie den Automatikhebel von der Stellung „Parken" auf die Position „Normal" (Leerlauf) oder „Drive" (Fahren) verstellt habe, krachte das Auto während eines Parkmanövers auf einer stark befahrenen Straße rückwärts in den Verkehr. Die Frau gab an, der Wagen habe sich selbständig gemacht und sei „wie von einer Geisterhand dirigiert" rückwärts gefahren. Das Gericht glaubte der Frau und formulierte in seiner Begründung, es sei „wahrscheinlicher, dass ein europäisches Autofabrikat von alleine losfährt und den Fahrer und den Verkehr gefährdet, als dass die Fahrerin nicht weiß, wie ein Automatikgetriebe bedient werden muss".

That's it! Der Automobilhersteller musste für den entstandenen Schaden aufkommen und der Frau etwa 100 000 US-Dollar Schmerzensgeld bezahlen. Wenn das nicht weh tut ...

§ Ein College-Student aus Idaho entschloss sich, anderen Studenten den Vollmond zu zeigen und streckte zu diesem Zweck seinen blanken Hintern aus dem Fenster des Studentenwohnheims. Dabei verlor er das Gleichgewicht und stürzte vier Stockwerke tief. Als er sich von seinen schweren Verletzungen erholt hatte, verklagte er die Universität, die ihn vor den Gefahren, die das Wohnen im vierten Stock eines Gebäudes mit sich bringt, rechtzeitig hätte warnen müssen.

§ Ein inhaftierter Einbrecher verklagte die Anstalt, in der er einsaß, auf die Zahlung von 35 000 US-Dollar, weil ihm nicht mehr ganz frische Obsttörtchen serviert wurden. Ein anderer Insasse reichte eine Klage gegen das Gefängnis ein, da ihm während seiner Zeit in Einzelhaft kein Deodorant zur Verfügung gestellt worden sei. Ein dritter Strafgefangener hingegen verklagte seine Anstalt, weil in seinem Schlafsaal lediglich 36 Kabelprogramme empfangen werden konnten.
Alle drei Klagen waren von den Gerichten angenommen worden.

§ Der US-amerikanische Brauereikonzern Anheuser-Busch Companies („Gimme a Bud!") wurde einst von einem Mann auf 10 000 US-Dollar Schadenersatz wegen irreführender Werbung verklagt. Der Kläger behauptete, an schweren körperlichen und geistigen Schäden zu leiden. Der Werbung zufolge müsse er nach dem Genuss des Biers Erfolg bei Frauen haben. Dieser Klage wurde nicht stattgegeben.

§ In Lake Worth/Florida verklagten die Behörden ein Geschäft, das Rollstühle verkauft. Hintergrund: Es gab keine Parkplätze für Behinderte.

§ 2,5 Millionen US-Dollar Schadenersatz schließlich verlangte eine Verbraucherin aus Santa Rosa in Kalifornien von einer Brauerei. Sie habe schwere körperliche Schäden davongetragen, so die Konsumentin, weil ihr ein voller „Sixpack" Bier auf den Fuß gefallen war.
Die Richter empfanden diese Forderung allerdings als stark überzogen und befanden, dass 475 000 US-Dollar als Entschädigung vollkommen ausreichten.

§ Eine 108 Kilogramm schwere Frau hat sich in San Francisco das Recht auf eine Anstellung als Fitnesstrainerin vor Gericht erstritten. Die 1,73 Meter große Frau war von einer Fitness-Kette aufgrund ihres Übergewichts als Trainerin abgelehnt worden. Daraufhin legte die 38-Jährige bei der Menschenrechtskommission in San Francisco Beschwerde ein und musste als Trainerin akzeptiert werden. Eine Nichtanstellung wäre ein klarer Fall von Diskriminierung, hatten die Rechtsberater der Kommission geurteilt.

§ Im Jahre 2005 wurde ein japanischer Autohersteller in den USA von einer Autofahrerin verklagt, weil sie sich bei einem Unfall verletzt hatte. Die Frau, die nicht angeschnallt war, gab dem Autokonzern die Schuld, da dieser sie nicht auf die Notwendigkeit eines Anschnallgurtes hingewiesen hätte. Sie sei niemals, so schwor sie vor Gericht, darauf hingewiesen oder darin unterrichtet worden, wie ein Sicherheitsgurt funktioniere. Daher habe sie ihre Gesundheit auch nicht schützen können.

## Outer Britain

### Australien

§ Eine lebenslange Haftstrafe beträgt exakt 25 Jahre.

§ In Victoria ist es nur staatlich zugelassenen Elektrikern erlaubt, eine Glühbirne zu wechseln.

§ Auf offener Straße ist das Tragen von schwarzer Kleidung, Filzschuhen und schwarzer Schuhcreme im Gesicht strengstens verboten.
So haben „Katzenfänger" ihr Unwesen getrieben.

§ Kinder dürfen Zigaretten zwar rauchen, aber keine Zigaretten kaufen.

§ Kein Autofahrer darf seine Autoschlüssel in einem unbeaufsichtigten Fahrzeug lassen.

§ Auf Fußwegen muss man links gehen.

§ Die Regeln der „Australian Communications Authority" (ACA) besagen, dass ein Modem nicht sofort beim ersten Klingelton antworten darf. Dies wurde im Telecommunications Act 1991 festgelegt. Sollte dies dennoch der Fall sein, ist die Genehmigung für Ihr Modem ungültig und die Strafe für das Benutzen eines nicht genehmigten Modems kann eine Summe von 12 000 kanadischen Dollar bedeuten.
Um ein Bündel Heu im Kofferraum zu befördern, ist ein Taxi erforderlich.

§ Bars müssen die Pferde ihrer Kunden unterstellen, füttern und mit Wasser versorgen.

§ Das gesetzliche Mindestalter für Sex beträgt 16 Jahre. Es sei denn, die Person befindet sich in der Obhut einer älteren Person. Dann liegt das gesetzliche Mindestalter bei 18 Jahren.
*Und wann genau ist man dort volljährig?*

§ Sex mit einem Känguru ist nur dann erlaubt, wenn man betrunken ist.

## Kanada

§ Hier ist es verboten, ein Flugzeug während des Fluges zu verlassen.
Die Fluggesellschaft „Air Canada" wurde von einem Ehepaar auf 5 Millionen kanadische Dollar Schadenersatz verklagt, weil die Katze des Paares während eines Fluges verloren ging. Der Kläger argumentierte überzeugend: „Mit geht es um die Sache, nicht um das Geld."

§ In der kanadischen Provinz Nova Scotia (Neuschottland) ist es verboten, den Rasen während eines Regenschauers zu wässern.

§ Ein Restaurant- oder Hotelbesitzer kann inhaftiert werden, wenn er keine Unterkünfte für berittene Gäste vorweisen kann.

§ In Kanada ist es strengstens verboten, ohne „lebenssicherndes Gerät" aus einem Flugzeug zu springen.

§ Ein kanadisches Gesetz legt fest, dass zwei verschiedene Schiffe auf einem Gewässer nicht zur selben Zeit dieselbe Position haben können.

§ Wenn die Vorhänge nicht zugezogen oder die Rollläden nicht heruntergelassen sind, darf sich in Winnipeg niemand nackt in seinem eigenen Haus bewegen.

# Asien

## Bhutan

§ Einem Gesetz in Bhutan zufolge darf ein jüngerer Bruder erst dann seine Unschuld verlieren, wenn sein älterer Bruder sie verloren hat. Der jüngere Bruder darf auch nicht heiraten, bevor ein älterer Bruder geheiratet hat.

§ Wer in Buthan die Universität besuchen will, muss intelligent sein und dies nicht nur durch Zeugnisse und Zertifikate, sondern auch durch Aussagen von Familienmitgliedern und Lehrern schriftlich belegen.

## China

§ In China ist pro Familie nur ein Kind erlaubt. Wenn eine Familie mehr Kinder bekommt, muss sie dafür ein Bußgeld bezahlen.
*Na ja, so verrückt ist dieses Gesetz vielleicht gar nicht, wenn man in Betracht zieht, das China schon heute etwa 1,3 Milliarden Menschen zählt ...*

§ Chinesen, die nicht miteinander verheiratet sind, dürfen per Gesetz nicht zusammen leben. Mit diesem 2001 verabschiedeten Gesetz will die Regierung die gängige Praxis vieler Ehemänner unterbinden, zeitweise bei ihrer Geliebten zu wohnen.

§ Hunde stehen in der chinesischen Metropole Shanghai unter Hausarrest. Einer polizeilichen Verordnung zufolge dürfen Hundebesitzer mit ihren Lieblingen in der Innenstadt nicht mehr an öffentlichen Plätzen, Parks und auf den Straßen Gassi gehen. Das Ausgehverbot bezieht sich auch auf sämtliche Grünflächen

und Wege in geschlossenen Wohnvierteln. Hunde dürfen nur noch ausgeführt werden, wenn sie zur Anmeldung bei den zuständigen Behörden vorgestellt oder vom Tierarzt untersucht werden müssen. Frauchen und Herrchen sind angewiesen, ihre amtliche Zulassung zum Hundebesitz sichtbar an der Haustür anzubringen.
Durch diese 2002 in Kraft getretene Verordnung soll die Stadt Shanghai sauberer werden. Das Halten von Hunden ist mit dem wachsenden Wohlstand in China immer populärer geworden. In Shanghai sind offiziell 60 000 Hunde registriert, die tatsächliche Zahl der Hunde liegt wahrscheinlich weitaus höher.

§ In Hongkong dürfen Lehrkräfte ihren geschwätzigen Schülern den Mund mit Pflastern zukleben, um sie zum Schweigen zu bringen.

§ In China dürfen ertrinkende Menschen nicht gerettet werden, da nicht in ihr Schicksal eingegriffen werden darf.

§ Einer Frau aus Xi'An, der Hauptstadt der Shaanxi-Provinz, ist es unmöglich, sich scheiden zu lassen, da sie ihr Heiratszertifikat verloren hat. Huang heiratete Li 1999, und will sich seit 2004 scheiden lassen. Ihr Ehemann zerriss jedoch aus Wut sein eigenes Zertifikat, nachdem Huang ihm mitteilte, sich scheiden lassen zu wollen.
In dem Heiratsbüro kann man zudem kein Zertifikat der beiden mehr finden – der einzige Weg wäre nun, ein neues Zertifikat zu erstellen, doch dafür müsste ihr Mann mitkommen. Huangs Ehemann weigert sich jedoch zu helfen. Nach dem chinesischen Gesetz kann man nur zusammen, nicht aber individuell Registrierungskopien anfordern, berichtet „Chinese Business View".

## Indonesien

§ In Indonesien müssen sich Frauen, die in die Armee eintreten wollen, einem Jungfräulichkeitstest unterziehen.

## Irak

§ Im Irak ist es gesetzlich verboten, an Sonntagen Schlangen zu verspeisen.

## Israel

§ In Israel gibt es für einen Mann mit dem Namen Cohen keinen legalen Weg, eine geschiedene Frau zu heiraten.

## Japan

§ Auch in Japan ist Sonnenschein gesetzlich garantiert. Deshalb durfte ein Hochhaus nicht gebaut werden, da sein Schatten zu lang gewesen wäre.

## Mongolei

§ Wer die Milch einer trächtigen Kamelstute stielt, kann mit Auspeitschen bestraft werden.

## Singapur

§ In Singapur ist seit 1992 Import, Herstellung und Verkauf von Kaugummis gesetzlich untersagt. Auslöser für das Gesetz waren mehrere Fälle, in denen Türen von Singapurs Untergrundbahn verklebt und blockiert wurden. Zudem befand die Regierung getrocknete Kaugummireste in Wohnanlagen und öffentlichen Plätzen für unansehnlich. Heute gibt es in Singapur wieder Kaugummis – allerdings nur zuckerfreie Varianten aus Apotheken, die vom Arzt zu therapeutischen Zwecken verordnet werden. Die Lockerung des Verbots ist Ergebnis eines neuen Freihandelsabkommens zwischen Singapur und den USA.

§ Der Besitz von Rauschmitteln und Drogen wie Heroin, Kokain und Marihuana kann in Singapur mit der Todesstrafe geahndet werden. Die Gerichte unterstellen quasi automatisch, dass die Substanzen gehandelt werden.

§ In Singapur ist es verboten, in den Fahrstuhl zu pinkeln. Zuwiderhandlungen können mit einer Strafe bis zu 5000 US-Dollar geahndet werden.

**Usbekistan**

§ In Usbekistan ist Billardspielen per Gesetz verboten.

§ Billard wurde 2002 von den Behörden untersagt, da das Spiel angeblich die Moral schwäche. Auch das nationale Billard-Team darf nicht mehr trainieren oder an Wettbewerben im Ausland teilnehmen.

## Südamerika

**Brasilien**

§ In Brasilien hat eine Frau ihren Ehemann verklagt, weil sie sexuell nicht auf ihre Kosten kommt. Ihr Mann sei so egoistisch, so die 31-jährige, dass er sich nach seiner sexuellen Erfüllung nicht mehr um ihre Bedürfnisse kümmere.

Das Gericht gab der Klägerin aufgrund einer Verordnung des Landes Recht, wonach jeder Bürger ein „Recht auf sexuelle Erfüllung" habe.

## Uruguay

§ Ein Gesetz in Uruguay legalisiert Duelle, sofern beide Teilnehmer Blutspender sind.
*Wenn das mal nicht praktisch gedacht ist!*

§ Ein Ehemann, der seine Frau mit einem Liebhaber im Bett erwischt, hat in Uruguay bei der Bestrafung die Qual der Wahl. Entweder kann er den Liebhaber samt untreuer Ehefrau umbringen oder aber ihren Liebhaber kastrieren. Angeblich erlaubt das Gesetz auch heute noch beide Varianten.

§ Verleumder und Intriganten, die andere Bürger aus niedrigen Beweggründen – sei es, um ihrem Ruf zu schaden oder durch das Übelreden einen Vorteil für sich selbst zu erzielen – schlecht machen, können dazu verurteilt werden, für den Zeitraum eines Jahres täglich zu einer festgelegten Uhrzeit auf einem Marktplatz erscheinen zu müssen. Dort können ihnen der Beklagte und seine Angehörigen die üblen Taten vorhalten und allen die Wahrheit berichten.

# Afrika

## Ägypten

§ Ein Gesetz im altertümlichen Ägypten besagte, dass einem Arzt beide Hände abgehackt werden müssten, wenn ein Patient während einer Operation starb.

## Kenia

§ In Kenia existieren harte Strafen für Diebstahl. Für ein Huhn gibt es ein Jahr Gefängnis, für eine Ziege zwei Jahre und für eine Kuh gar sechs Jahre.

## Nigeria

In vielen Staaten des afrikanischen Kontinents gelten noch die alten Stammesgesetze der ungezählten Völkerschaften. Diese Gesetze und Verbote muten mittelalterlich an, da sie für vergleichsweise durchschnittliche Delikte drakonische Strafen androhen und verhängen.

§ So gilt Ehebruch in Nigeria als Kapitalverbrechen und kann mit „Steinigen" der beiden Delinquenten geahndet werden. Das bedeutet, dass die Bewohner eines Dorfes so lange Steine auf das an einen Baum gefesselte Paar werfen, bis beide verstorben sind.

§ Auch ein Lügner oder Verleumder kann hart bestraft werden: mit dem Herausschneiden der Zunge.

§ Dieben und Räubern werden häufig die Hände bzw. Arme abgehackt.

# Verrückte Gesetze der Alten Welt

Merkwürdige, peinliche, überflüssige oder schlichtweg dümmliche Gesetze und Verordnungen gibt es indes nicht nur in den Vereinigten Staaten von Amerika. Auch in Europa, in Asien, Australien und in Afrika existieren gesetzliche Bestimmungen, die zumindest ein Kopfschütteln bei den Betroffenen verursachen. Dabei können wir feststellen, dass Deutschland nicht nur Exportweltmeister, sondern auch Bürokratieweltmeister ist.

Vielleicht wissen Sie bereits, dass zwei Drittel der gesamten Steuerrechtsliteratur in der Welt aus deutschen Federn stammt, aus Federn, die von deutschen Juristen- und Beamtengehirnen geführt wurden.

Damit jedoch nicht genug: Der schon sprichwörtlich gewordene „Antrag auf einen Antrag für die Aushändigung eines Antragsformulars zur Erteilung einer Antragsbestätigung" ist Legende und, verzeihen Sie, wirklich „typisch deutsch". So finden Sie in diesem Kapitel auch einige wunderschöne Beispiele für den tiefen (Un-)Sinn deutscher Bürokratenliteratur, der in Verordnungen und „Ausführungsbestimmungen" seinesgleichen sucht. Dies ist auch der Grund, warum wir deutschen Gesetzen und Verordnungen in der Alten Welt eine herausgehobene Stellung bescheinigen.

Grundsätzlich gilt für alle Gesetze, Verordnungen, Erlasse und Regelungen des menschlichen Zusammenlebens wohl uneingeschränkt der Satz des Schriftstellers B. Traven („Der Marsch ins Reich der Caoba"):

„Sobald der Dschungel begann, war derjenige Behörde, der den besten Revolver hatte."

Dass der Revolver heutzutage natürlich nicht wörtlich zu nehmen ist, versteht sich hoffentlich von selbst.

# Da wiehert der deutsche Amtsschimmel

**Voraussetzungen für eine Mietminderung**

! Lärm im Treppenhaus berechtigt zur Mietminderung. Diese müssen Sie aber wegen unzureichender Schallschutzisolierung schnell beantragen. Denn wenn Sie zunächst einmal die Miete ohne Beschwerde in voller Höhe bezahlen, dann können Sie nach sechs Monaten die Miete nicht mehr mindern. Das bedeutet: An der fatalen Lage, die zum Verlangen der Mietminderung geführt hat, hat sich nichts geändert. Aber, wie sagen die Juristen: „Eine Frist schlägt das Ist!"

! Eine Mietminderung kann auch beantragt werden, wenn unmittelbar vor einem Mietshaus eine Baustelle aufgemacht wurde, beispielsweise, weil die Telefon-, Gas- oder Wasserleitungen wieder einmal verlegt werden müssen. Wenn dann die Bauarbeiterkolonne vor der Haustür starken Schmutz, Gestank und Lärm verursacht, kann dieser Grund für eine Minderung der Miete ausreichen.
Aber Vorsicht: Die deutsche Bürokratie wäre nicht die deutsche Bürokratie, wenn alles so einfach wäre. Die Gerichte stimmen einer Mietminderung meist nur dann zu, wenn alle drei „Belästigungsfaktoren" – Schmutz, Gestank und Lärm – zugleich zutreffen.

! Sie kennen das: Sie haben da einen Nachbarn gegenüber auf dem Grundstück, der einen zutiefst liederlichen Lebenswandel führt. Häufig kehrt er erst spät in der Nacht, oder sagen wir besser, früh

am Morgen, nach Hause zurück und will dann, wenn alles friedlich schläft und sich von der mühevollen Tagesarbeit ausruht, mit seinem hochgetunten Schlitten lautstark in die Garage fahren. Das Blechtor quietscht und schleift und scheppert, dass es eine wahre Freude ist! Gute Nachrichten für Sie: Wenn sich ein Garagentor nur mit erheblicher Geräuschentwicklung öffnen und schließen lässt, darf die Garage nachts nicht benutzt werden!
Aber Vorsicht: Da genügt nicht einfach die Behauptung, von wegen! Gerichte verfügen für gewöhnlich eine Ortsbesichtigung – oder in diesem Fall eine „Ortsbehörung" ...
Gute Karten haben Sie aber, wenn besagter Herr in der Nachbarschaft mit seiner Begleitung tatsächlich einmal früher zu Hause ist, dann aber den „Höhepunkt" des Tages lautstark genießen will. Er sollte es nicht zu spät werden lassen. Dies entschied nämlich jetzt ein deutsches Amtsgericht und wies den Beklagten darauf hin, dass „lautes Stöhnen beim Sexualverkehr eine unzumutbare Belästigung des Nachbarn" sei – zumindest zwischen 22 Uhr und 6 Uhr in der Früh.

## Freizeitvergnügen

Mancher frönt in seiner Freizeit dem Umgang mit Tieren. Zumindest bei Bienen, Fischen, Hunden und Pferden sollte man die Verordnungen kennen.

! So wird nach deutschem Recht ein Bienenschwarm „herrenlos", wenn nicht der Eigentümer ihn unverzüglich verfolgt oder wenn der Eigentümer die Verfolgung aufgibt. Verfolgt ein Eigentümer seinen Bienenschwarm, so darf er bei der Verfolgung fremde Grundstücke betreten (Fundstelle: § 961 f. Bürgerliches Gesetzbuch – BGB).

! In Deutschland ist es im gesamten Bundesgebiet verboten, gefangene Fische, die über dem Mindestmaß liegen, in das Gewässer, aus dem man den Fisch „entnommen" hat, zurückzusetzen. Das heißt: Ein gefangener Fisch, der groß genug ist, muss gegrillt werden!

! „Nach dem Abkoten eines Hundes bleibt der Kothaufen grundsätzlich eine selbstständige bewegliche Sache, er wird nicht durch Verbinden oder Vermischen untrennbarer Bestandteil des Wiesengrundstücks, der Eigentümer des Wiesengrundstücks erwirbt also nicht automatisch Eigentum am Hundekot." (Fallbeispiel der Deutschen Verwaltungspraxis)

! Wenn Sie Pferdebesitzer sind, genügt es bei Gott nicht, lediglich über das Pferd an sich Bescheid zu wissen. Sie müssen sich besonders gut mit der „Hufsituation" des Vierbeiners auskennen und sollten ihn nicht einfach regelmäßig zu einem Hufschmied karren, wo er beschlagen wird, sondern sich schon einem Huforthopäden anvertrauen. Die gemeinnützige Organisation der Huforthopäden (DHG) proklamiert für sich immerhin folgendes Vereinsziel: „... den allgemeinen Wissensstand über den Pferdehuf und über die Prozesse, die zu Erkrankungen der Hufe und der Gliedmaßen führen, zu verbessern. Die Deutsche Huforthopädische Gesellschaft macht sich stark für eine Verbesserung der Hufsituation, durch eine Anhebung des Niveaus der Hufbearbeitung."

! Apropos „Grillen". Kaum eine Gemeinde in Deutschland, deren Gebiet ein Fluss durchkreuzt oder ein anderes zum Baden geeignetes Gewässer aufweist, kann auf eine „Öffentliche Grill- und Strandaufenthaltsverordnung" verzichten. Beamte einer süddeutschen Kommune an der Isar (lat.:

Isara – „die Reißende") haben mit penibler Wortwahl und semantischer Präzision für reißendes Gelächter unter jungen Leuten gesorgt. Darin heißt es zum Beispiel: „Das Grillen, also das zur Verkostung geeignete Erhitzen von Fleisch, Fisch, Gemüse, Brot und Maiskolben auf einem dafür hergestellten und geeigneten Gerät aus Eisen oder Metall, ist zwischen der Wassergrenze des Flusses Isar und dem Beginn der Vegetation durch Wiese, Wald oder anderweitigem Wildbewuchs strengstens verboten, sofern der Abstand zwischen Wassergrenze und Beginn der Vegetation weniger als 150 Meter beträgt. Wenn der Abstand mehr als 150 Meter beträgt, ist das Grillen von Nahrungsgut unter Umständen und bei Einholung einer Sondergenehmigung der Gemeinde in der Zeit zwischen 15. Juni und 30. September, täglich zwischen 14 und 21 Uhr, im gedachten ersten Drittel, vom Gewässer aus berechnet, gestattet."

! Die Rocky Horror Picture Show war ein Kassenschlager. Manche Rockfans haben den Straßenfeger gleich 10 oder 20 Mal im Kino gesehen und dabei kiloweise Reis durch die Logen geworfen – weil man das aus Spaß an der Freude eben so tut.
Achtung: Nach dem „Ordnungswidrigkeitengesetz" (OWiG) handelt es sich hierbei um eine „Belästigung der Allgemeinheit durch Werfen von kleinen Gegenständen bei Veranstaltungen". Kostenpunkt nach § 118: 20 Euro!

! In Deutschland ist es verboten, mit einer Pappnase, einem falschen Bart oder einem bemalten Gesicht an öffentlichen Versammlungen und Aufzügen teilzunehmen. Ein Verstoß gegen dieses Vermummungsverbot kann einen für zwölf Monate ins Gefängnis bringen oder eine Geldstrafe nach sich ziehen. Einzige Ausnahme: Teilnahme an Karnevalsumzügen oder Karnevalsveranstaltungen.

! Nach der „Feiertagsschutzverordnung" (FSchVO) können „öffentlich bemerkbare Arbeiten an Sonn- und Feiertagen" nach § 2 mit einer Geldbuße von mindestens 20 Euro belegt werden.

! Das Herz auf dem richtigen Fleck haben hingegen wohl die Richter vom Amtsgericht Oberammergau in Südbayern. So forderte eine schwäbische Touristin von der Gemeinde, in der alle 10 Jahre die berühmten Passionsspiele stattfinden, Schmerzensgeld und Schadenersatz in Höhe von 3000 Euro, weil sie sich beim Hinsetzen auf eine Parkbank ein Holzsplitter eingezogen hatte. Die Dame begründete ihre Klage damit, dass die Kommune ihre Parkbänke öfter kontrollieren müsste. Dem widersprach das Gericht mit dem Argument, keiner Stadt könne zugemutet werden, Bauhofmitarbeiter kontinuierlich mit „Sitzproben" zu beschäftigen.

! In den Bundesländern Baden-Württemberg und Bayern dürfen am Gründonnerstag, am Karfreitag, am Ostersamstag und Ostersonntag sowie an allen anderen gesetzlichen Feiertagen ganztägig keine Tanzveranstaltungen durchgeführt werden.

! Und falls Sie es noch nicht wussten: Auf der Nordsee-Insel Helgoland ist Fahrrad fahren verboten. *Planen Sie dort also keinen Fahrradurlaub!*

## Die Straßenverkehrsordnung

Vielleicht wissen Sie, dass die Zahl der Verkehrstoten und bei Unfällen ernsthaft verletzten Personen seit vielen Jahren kontinuierlich zurückgeht. Das ist gut so und liegt besonders an den stark verbesserten technischen Sicherheitsstandards in modernen Kraftfahrzeugen, am wenigsten jedoch an den parallel zur Verringerung dramatischer Unfallfolgen drastisch erhöhten Bußgeldern der Straßenverkehrsordnung (StVO). Angeblich wird der Straßenverkehr ja immer schlimmer und die Folgen immer brisanter für die Allgemeinheit. So jedenfalls argumentieren Politiker. Warum eigentlich? Ganz einfach: Weil steigende Bußgelder die notorische Ebbe in den öffentlichen Kassen mildern und den stets klammen Stadtkämmerern Freudentränen in die Augen treiben. Dazu einige Beispiele:

! Mindestens 10 Euro Bußgeld zahlt man heute nach der Straßenverkehrsordnung für folgende Schwerverbrechen:
1. Unnötiges Laufenlassen des Motors
2. Lärmbelästigung durch lautes Türenschlagen
3. Unnötig schnelles Beschleunigen beim Anfahren
4. Mit quietschenden Reifen in eine Kurve fahren

! 15 Euro Bußgeld löhnt man dafür, dass man sein Automobil quer parkt.
*Arme Smart-Fahrer!*

! Endlich einmal etwas Vernünftiges: 25 Euro Bußgeld muss ein Straßenverkehrsteilnehmer berappen, der „schleicht". Die Definition des „Schleichens" kann Fahrern unter Termindruck (als eigentlich so ziemlich allen) allerdings nicht ausreichen. Konkret heißt es: „Wer Tempo 50 fährt und 100 sind erlaubt, kann zur Kasse gebeten werden."

! Ein Bußgeld muss jemand berappen, der nackt fährt. Nein, nicht fährt, sondern aussteigt. Denn am Steuer darf sich jeder zwar unbekleidet aufhalten, nicht jedoch nackig in einem öffentlichen Raum (zum Beispiel auf einer Straße). Dann nämlich verstößt er gegen die öffentliche Ordnung und darf sich von der Politesse 40 Euro „abknöpfen" lassen.

*Wenn die es tatsächlich wagt, einem nackten Mann in die Tasche zu greifen ...*

! In einer Sternstunde der deutschen Straßenverkehrsordnung wurde festgelegt, was eine Parkscheibe ist, wie sie auszusehen hat und was damit zu tun und zu unterlassen ist. In § 13 StVO wird vorgeschrieben, dass sie elf Zentimeter breit und 15 Zentimeter hoch sein muss. Außerdem hat sie blau zu sein. Die Uhrzeitangabe muss im 24-Stunden-Format möglich sein. Auf ihrer Vorderseite sind keine Aufdrucke von Werbungen oder Ähnliches erlaubt, auf der Rückseite sehr wohl, da auch die StVO „weiß", dass Parkscheiben oft als nützliche Geschenke der Unternehmen und Parteien dienen.
Wo die Parkscheibe, mit der der Fahrer eines Kraftfahrzeugs anzeigt, wann er sein Auto an einem bestimmten Platz abgestellt hat, im Wagen zu liegen hat, ist nicht eindeutig festgelegt. In der Verordnung steht lediglich, dass sie „gut lesbar" sein muss.
Da lacht das Bürokratenherz und denkt sich: „Sehen Sie, genau das ist der Sinn einer Verordnung! Hätte man in der StVO genau vorgeschrieben, wo eine Parkscheibe zu liegen hat, dann wäre der folgende Fall nicht passiert!"
Da hatte nämlich ein Autofahrer seine Parkscheibe am hinteren Seitenfenster auf der Fahrerseite befestigt und prompt ein Bußgeld von einer Politesse erhalten, die argumentierte, dass es ihr bei einem Kontrollgang doch nicht zugemutet werden könne, die Parkscheibe auf der Fahrbahn abzulesen und sich dazu in den fließenden Verkehr begeben und den Gefahren der Straße aussetzen zu müssen.
Wie dem auch sei: Mit aller deutscher Gründlichkeit beschäftigte sich zunächst ein Amtsgericht mit der Klage des Autofahrers gegen das Knöllchen – und zwei Grundsatzurteile deutscher Oberlandesgerichte folgten, die, man höre und staune, gegen die

Argumentation der Politesse Stellung bezogen:
Nein, so hieß es, wo die Parkscheibe in einem Auto
zu liegen habe, sei nicht in der StVO festgelegt, nur
gut lesbar müsse sie sein. – Wie lange wird es wohl
dauern, bis die StVO um einen Paragrafen ergänzt
wird, in dem exakt vorgeschrieben ist, dass eine
Parkscheibe „in einem gut von der Fußgängerseite
aus einsehbaren Bereich der Windschutzscheibe"
zu liegen hat?

! Nach einer Meldung der Deutschen Presse-Agentur GmbH (dpa) vom 25. November 1997 wusste
sich eine niederländische Autofahrerin aus Laren bei
Hilversum zu helfen. Polizisten hatten eine manipulierte Parkscheibe sichergestellt, deren Anzeige
jede halbe Stunde automatisch weiter sprang.
Wie sich herausstellte, hatte die 54-jährige ein batteriebetriebenes Uhrwerk in die Parkscheibe eingebaut. Die Scheibe fiel zwei Polizisten auf, weil sie
auffällig dick war. „Als die beiden nach einer halben
Stunde noch einmal vorbeischauten, zeigte der Zeiger eine andere Zeit an", berichtete ein Polizeisprecher in Hilversum. Die Polizisten warteten daraufhin
die Rückkehr der Wagenbesitzerin ab und stellten
sie zur Rede.
Die Frau gab alles zu und erklärte den Beamten,
dass sie in einem Geschäft auf der anderen Straßenseite arbeitete und nicht alle zwei Stunden zu ihrem
Auto gehen wollte, um die Parkscheibe von Hand
umzustellen. Kostenpunkt: 80 Gulden (ca. 35 Euro).

## Sozialgesetze

! Die Bundesagentur für Arbeit formuliert in einer
exzellenten Betrachtung in einer Broschüre zum
Kindergeld: „Welches Kind erstes, zweites, drittes
usw. ist, richtet sich nach dem Alter der Kinder. Das

älteste ist also das erste Kind. Das Zweitälteste das zweite Kind usw."
Ein Student, der die Beantragung von Kindergeld schriftlich erledigen wollte, wurde von dem zuständigen Behördenmitarbeiter aufgefordert, einen Nachweis zu erbringen, dass er nicht verstorben war. Daraufhin fuhr der Student, der von seiner Lebenspartnerin und seinem Kind getrennt in einer anderen Stadt lebte, zum Amt und stellte sich vor. Der Beamte erklärte dem verdutzten Mann, dass nicht seine sichtbare Existenz der Beweis für seine reale Existenz sei, sondern lediglich die Unterschrift auf einem noch nicht ausgefüllten Formular. Sollte er dieses hier und jetzt unterschreiben, sei die Sache erledigt.

! Ehefrauen, die ihren Mann erschießen, haben nach einer Entscheidung des Bundessozialgesetzbuches keinen Anspruch auf Witwenrente. *Könnte ja jede daherkommen!*
(Quelle: Verbandsblatt des Bayrischen Einzelhandels)

! Die Fürsorge umfasst den lebenden Menschen einschließlich der Abwicklung des gelebt habenden Menschen.
(Quelle: Vorschrift Kriegsgräberfürsorge)

! Besteht ein Personalrat aus einer Person, erübrigt sich die Trennung nach Geschlechtern. Soll heißen, dass nur eine Toilette benötigt wird ...
(Quelle: Informationsschrift des Deutschen Lehrerverbandes Hessen)

! § 1300 des deutschen Bürgerlichen Gesetzbuches (BGB) gestattet es Frauen, die von ihren Verlobten in einer so genannten „Beiwohnung" verlassen werden, für den geleisteten Sex Schadenersatz zu verlangen, sofern sie in einer gemeinsamen Wohnung (Beiwohnung) zusammengelebt haben.

## Unfallverhütung

! Ein Unternehmen, das im Jahr 1980 einen technischen Kessel zur Erzeugung von Wärme betrieb, musste sich nach den damals geltenden Unfallverhütungsvorschriften richten, die schnell nachzulesen waren. Heute hingegen existiert eine „Kesselverordnung" mit 43 technischen Vorschriften und 27 Regeln für die Rohrleitungen des Kessels.

! Die öffentliche Straßenreinigung ist nicht nur für die Erhaltung und Sauberhaltung öffentlicher Straßen, Grundstücke und Wege zuständig, sondern auch für die Unfallverhütung auf diesen Flächen, beispielsweise durch die Beseitigung von Schnee und Eis, Geäst und Laub. Interessanterweise unterscheidet dabei die Stadt Nürnberg in einer „Verordnung über die Reinigung und Reinhaltung der öffentlichen Straßen und die Sicherung der Gehwege bei Schnee oder Glatteis in der Stadt Nürnberg, gemäß der Straßenreinigungsverordnung – StrRVO – vom 18. Oktober 1990 (Amtsblatt S. 367), zuletzt geändert durch Verordnung vom 26. Februar 2001 (Amtsblatt S. 92) nach „selbständigen" und „unselbständigen" Gehwegen. Lesen Sie selbst:

1. Öffentliche Gehwege im Sinne der Gehwegsicherungspflicht dieser Verordnung (§ 9 Nr. 2 und § 20) sind die für den Fußgängerverkehr sowie dem kombinierten Fußgänger- und Radfahrverkehr besonders bestimmten oder bereitgestellten, von der Fahrbahn abgegrenzte Teile öffentlicher Straßen und Plätze (unselbständige Gehwege und kombinierte Geh- und Radwege im Sinne des § 2 Nr. 1b) sowie die selbständigen, nur dem Fußgängerverkehr dienenden öffentlichen Wege. Es ist ohne Belang, ob die Gehwege und die kombinierten Geh- und Radwege besonders befestigt oder gezeichnet sind.

2. Bei öffentlichen Straßen ohne eine für den Fußgängerverkehr abgegrenzte Fläche gilt der Rand der Straße in der für die Benutzung durch Fußgänger erforderlichen Breite – das sind in der Regel bei Ortsstraßen mit unbeschränktem Fahrverkehr etwa 1 Meter, bei Ortsstraßen mit beschränktem Fahrverkehr (Fußgängerzonen) etwa 2 Meter – als offizieller Gehweg. „Von Belang" allerdings ist, dass lediglich „selbständige" Gehwege gepflegt werden müssen!
*Weiß jetzt jeder, was selbständige Gehwege sind, oder gibt es noch offene Fragen?*

## Verfassungsrecht

! In Artikel 21 der Verfassung des Bundeslandes Hessen vom 1. Dezember 1946 findet sich auch heute noch (!) die Möglichkeit, einen Delinquenten zum Tode zu verurteilen. Im Einzelnen heißt es dort:

1. Ist jemand einer strafbaren Handlung für schuldig befunden worden, so können ihm auf Grund der Strafgesetze durch richterliches Urteil die Freiheit und die bürgerlichen Ehrenrechte entzogen oder beschränkt werden. Bei besonders schweren Verbrechen kann er zum Tode verurteilt werden.

2. Die Strafe richtet sich nach der Schwere der Tat.

3. Alle Gefangenen sind menschlich zu behandeln. Demgegenüber sieht das Grundgesetz in seinem Artikel 102 und in der Fassung von 1949 die Abschaffung der Todesstrafe vor: „Die Todesstrafe ist abgeschafft." (Grundgesetz der Bundesrepublik Deutschland, GG, Art. 102). Ferner gilt: „Bundesrecht bricht Landesrecht." (Grundgesetz der Bundesrepublik Deutschland, Art. 31.) Dieses Landesgesetz ist ungültig, trotzdem steht es in der hessischen Verfassung...

! Eigentlich ist die politische Staatsform der Bundesrepublik Deutschland die Demokratie. Da gibt es keinen Kaiser, König, keinen Fürsten oder Herzog, der mit „Eure Durchlaucht" anzureden und mit „Euer sehr ergebener Diener" zu verabschieden wäre. Gleichwohl existiert auch in der postmodernen Epoche das Delikt der Majestätsbeleidigung im Deutschen Strafgesetzbuch. Dort, in § 90, steht auf die Verunglimpfung des Bundespräsidenten eine Freiheitsstrafe von drei Monaten bis zu fünf Jahren:
§ 90 Verunglimpfung des Bundespräsidenten:

1. Wer öffentlich, in einer Versammlung oder durch Verbreiten von Schriften (§ 11 Abs. 3) den Bundespräsidenten verunglimpft, wird mit Freiheitsstrafe von drei Monaten bis zu fünf Jahren bestraft.

2. In minder schweren Fällen kann das Gericht die Strafe nach Ermessen mildern (§ 49 Abs. 2), wenn nicht die Voraussetzungen des § 188 erfüllt sind.

3. Die Strafe ist Freiheitsstrafe von sechs Monaten bis zu fünf Jahren, wenn die Tat eine Verleumdung (§ 187) ist oder wenn der Täter sich durch die Tat absichtlich für Bestrebungen gegen den Bestand der Bundesrepublik Deutschland oder gegen Verfassungsgrundsätze einsetzt.

4. Die Tat wird nur mit Ermächtigung des Bundespräsidenten verfolgt.

## Steuerrecht

Zwei Drittel der Gesetze und Vorschriften zum Steuerwesen aller Staaten stammen aus Deutschland.

! So legt das „Gesetz über die Anpassung von Versorgungsbezügen" fest, dass es ist nicht möglich ist, den Tod eines Steuerpflichtigen als „dauernde Berufsunfähigkeit" im Sinne von § 16 Abs. 1 Satz 3 EStG (Einkommensteuergesetz) zu werten und demnach den erhöhten Freibetrag abzuziehen.

! In Deggendorf zog ein Bauer den in einen Straßengraben geratenen Wagen eines Touristen heraus. Das Finanzamt schickte ihm einen Bußgeldbescheid über 29 Euro. Begründung: „Missbräuchliche Benutzung einer steuerlich befreiten landwirtschaftlichen Zugmaschine – pro Kilo Traktorgewicht 0,5 Cent".

## Dienstrecht

Beginn und Ende einer Dienstreise sind penibel im „Bundesreisekostengesetz" festgelegt. Und auch an den eventuellen Tod eines Bediensteten auf einer Dienstreise wurde in den Kommentaren zum Gesetz gedacht, nämlich: Stirbt ein Bediensteter während einer Dienstreise, so ist damit die Dienstreise beendet.
Die Bundeswehrverwaltung geht in ihren Unterrichtsblättern sogar noch einen Schritt weiter: Der Tod stellt aus versorgungsrechtlicher Sicht „die stärkste Form der Dienstunfähigkeit" dar.

## Ehemalige DDR-Gesetze

Deutsche Gründlichkeit und Formulierkunst in der Gesetzgebung und beim Erlassen von Verordnungen und Regelwerken – von der Wiege bis zur Bahre – zeichnet jedoch nicht nur die Bundesrepublik Deutschland aus, sondern auch das ehemalige Ostdeutschland. Und, siehe da, selbst zwei Jahrzehnte nach Mauerfall und Wiedervereinigung haben einige DDR-Gesetze bis heute überlebt – so die „Blütenbestäubungsordnung", in der geregelt wurde, wo die Imker ihre Bienenvölker zum Sammeln des Honigs kostenlos in freier Natur aufstellen dürfen oder die „Betriebsordnung für Pioniereisenbahnen", in der „das Betreiben von Eisenbahnen in Parkanlagen" festgelegt wurde.

Nach der Wiedervereinigung wurde zwar die Mehrzahl der bis zu 3600 Vorschriften aus dem DDR-Gesetzbuch durch neue Landesgesetze ersetzt. Dieser Prozess ist offenbar aber noch nicht vollständig abgeschlossen. Denn in Thüringen sind nach einem Bericht des Mitteldeutschen Rundfunks mit 28 Vorschriften besonders viele Rechts-Überbleibsel aus DDR-Zeiten immer noch gültig. In Sachsen gelten noch 15 und in Sachsen-Anhalt 13 DDR-Paragrafen und Vorschriften fort. In Brandenburg betrifft dies 17 und in Mecklenburg-Vorpommern sieben Paragrafen, so meldet der Sender.

Bedauerlich ist zumindest, dass heute niemand mehr in Deutschland etwas von der „Verordnung über das Tragen der Ehrenzeichen zu staatlichen Auszeichnungen vom 19. April 1978" nach dem „Sonderdruck Nr. 952 des Gesetzesblattes der DDR" wissen will. Für „das Tragen der Ehrenzeichen zu staatlichen Auszeichnungen gemäß § 3 Abs. 5 des Gesetzes vom 7. April 1977 über die Stiftung und Verleihung staatlicher Auszeichnungen (GBl. I Nr. 10 S. 106) wurde darin nämlich folgendes erschöpfend verordnet:

1. Ehrenzeichen (Orden und Medaillen) zu staatlichen Auszeichnungen werden in der Regel an einer Spange getragen. Zu dem Ehrenzeichen kann eine Interimsspange gehören. Trifft das nicht zu, so ist die Spange zum Ehrenzeichen zugleich Interimsspange.

2. Ehrenzeichen werden an Staatsfeiertagen und an Ehrentagen der jeweiligen Bereiche getragen. Zu besonderen Anlässen ist das Tragen der Ehrenzeichen im Einzelnen festzulegen.

3. Mehrfach Ausgezeichnete sind berechtigt, nur das Ehrenzeichen der höchsten ihnen verliehenen staatlichen Auszeichnung zu tragen.

4. Die Interimsspangen können ständig getragen werden.

Und in § 2 hieß es weiter:

5. Die Ehrenzeichen oder Interimsspangen sind in der Reihenfolge anzulegen wie in der Anlage angeführt.

2. Die Ehrenzeichen oder Interimsspangen zu staatlichen Auszeichnungen, die nicht mehr verliehen werden und die nicht in der Anlage aufgeführt sind, sind entsprechend der in der Anlage festgelegten Rangfolge einzuordnen.

3. Der ‚Karl-Marx-Orden' und die Medaille ‚Goldener Stern' zum Ehrentitel ‚Held der Deutschen Demokratischen Republik' werden in der Mitte über allen Ehrenzeichen oder Interimsspangen getragen.

4. Von den weiteren staatlichen Auszeichnungen kann das Ehrenzeichen der jeweils höchsten Auszeichnung einzeln in der Mitte über allen Ehrenzeichen oder Interimsspangen getragen werden.

5. Werden mehrere Ehrenzeichen zu gleichrangigen bereichsspezifischen staatlichen Auszeichnungen getragen, so hat das Ehrenzeichen des Bereichs, in dem der Ausgezeichnete tätig ist, den Vorrang.

6. Wurden einem Ausgezeichneten mehrere Stufen oder Klassen einer staatlichen Auszeichnung verliehen, so braucht nur das Ehrenzeichen der höchsten verliehenen Stufe oder Klasse getragen zu werden. Beim Tragen der Ehrenzeichen aller Stufen oder Klassen einer staatlichen Auszeichnung sind diese unmittelbar nacheinander einzuordnen.

7. Es können bis zu 5 Ehrenzeichen oder Interimsspangen in einer Reihe angeordnet werden.

8. Das Tragen der Ehrenzeichen kann für Angehörige der bewaffneten Organe der Deutschen Demokratischen Republik sowie für Beschäftigte in Bereichen, in denen Dienstbekleidung getragen wird, unter Berücksichtigung dieser Verordnung in den Dienstvorschriften weiter ausgestaltet werden.
Jedes Schulkind in Deutschland weiß heute, dass in der ehemaligen DDR auch der Schutz der Staatsgrenze mit juristischer Gründlichkeit und Akribie beschrieben und gesetzlich festgelegt wurde. Dies geschah unter anderem auch mit der „Durchführungsverordnung zum Gesetz über die Staatsgrenze der Deutschen Demokratischen Republik (Grenzverordnung) vom 25. März 1982. Darin wurde auch die so genannte „Wohnsitznahme" im Schutzstreifen oder in der Sperrzone der Grenze festgelegt. Wollte hier jemand wirklich eine Wohnung in Besitz nehmen? Jedenfalls stand da zu lesen:

Auf der Grundlage des § 40 des Grenzgesetzes vom 25. März 1982 (GBL I, Nr. 1 S. 197) wird Folgendes verordnet:

§ 3 Wohnsitznahme

1. Zur Wohnsitznahme im Schutzstreifen oder in der Sperrzone ist eine Zuzugsgenehmigung erforderlich.

2. Anträge zur Erteilung einer Zuzugsgenehmigung sind bei dem für den künftigen Wohnsitz zuständigen Rat der Stadt, des Stadtbezirkes oder der Gemeinde schriftlich zu stellen.

Seit dem 1. Juli 1968 galt in der DDR ein neues Strafgesetzbuch und eine neue Strafprozessordnung. Das Strafgesetzbuch trat an die Stelle des alten deutschen Strafgesetzbuches von 1871.

Damit ergab sich für die DDR-Oberen die Gelegenheit, aus dem eigentlichen Strafgesetzbuch ein politisches Strafgesetzbuch zu machen, das den überwiegenden Teil aller möglichen Straftatbestände mit politischen Intentionen verband, auch wenn dem nicht so war. So ließ bereits die Einführung in das StGB der ehemaligen DDR aufhorchen, wenn es da hieß: „Das sozialistische Strafgesetzbuch ist Bestandteil des einheitlichen sozialistischen Rechtssystems der Deutschen Demokratischen Republik. Es dient im Besonderen dem entschiedenen Kampf gegen die verbrecherischen Anschläge auf den Frieden und die Deutsche Demokratische Republik, die vom westdeutschen Imperialismus und seinen Verbündeten ausgehen und die Lebensgrundlagen unseres Volkes bedrohen."

Kein Wunder, dass als strafbar besonders die „Verbrechen gegen die Souveränität der DDR", den Frieden, die Menschlichkeit und die Menschenrechte (§§ 85 bis 95), das ungenehmigte Verlassen der Republik, das je nach Umständen als „staatsfeindlicher Menschenhandel" (§ 105) oder „ungesetzlicher Grenzübertritt" (§ 213) verfolgt werden konnte. Strafbar war auch das Sammeln von „Nachrichten, die geeignet sind, die gegen die DDR oder andere friedliebende Völker gerichtete Tätigkeit von Organisationen, Einrichtungen, Gruppen oder Personen zu unterstützen" (§ 98).

Ferner konnte ein DDR-Bürger dafür bestraft werden, dass er sich zu „Organisationen, Einrichtungen,

Gruppen oder Personen, die sich eine gegen die staatliche Ordnung der Deutschen Demokratischen Republik gerichtete Tätigkeit zum Ziel setzen, in Kenntnis dieser Ziele oder Tätigkeiten in Verbindung setzt" (§ 219). Straftatbestände wie „Sabotage" (§ 104) oder „staatsfeindliche Hetze" (§ 106) waren bewusst möglichst allgemein definiert.

## Die Sprache der Juristen

Was bei Otto Normalverbraucher und Lieschen Müller manchmal zu großer Erheiterung führt, ist oftmals nicht nur der Gegenstand, mit dem sich Gesetze, Regelungen und Verordnungen beschäftigen, sondern besonders die Sprache, in der die Diener des Staates Sachverhalte und Zusammenhänge ausdrücken. Wir kommen häufig nicht umhin, da eine gewisse Umständlichkeit zu konstatieren und darüber hinaus die merkwürdige Scheu, genau das beim Namen zu nennen, was eigentlich gemeint ist und gemeinhin auf der Hand liegt. Kurzum: Juristen und Bürokraten, Paragrafenreiter und Rechtsverdreher reden gerne um den heißen Brei herum. Umso mehr begrüßen wir es, wenn einfache Dinge auch mit einfachen Worten definiert werden, so dass wirklich jeder versteht, was gemeint ist. Etliche Beispiele dafür finden sich im Deutschen Lebensmittelbuch, in dem für den Verbraucher Leitsätze zusammengefasst sind, in denen die Herstellung, Beschaffenheit und Merkmale von Lebensmitteln beschrieben werden:

! Margarine im Sinne dieser Leitsätze ist Margarine im Sinne des Margarinengesetzes.

! Gewürzmischungen sind Mischungen, die ausschließlich aus Gewürzen bestehen.

*Punktum! Gott sei's gelobt! Wer hätte es gewusst?*
Da werfen Originaltöne aus Urteilsbegründungen deutscher Juristen hinsichtlich der Präzision ihrer Formulierungen schon wieder einige Schatten auf ihr Ansehen:

! So stellte ein Oberlandesgericht fest, dass „das Lutschen eines Hustenbonbons durch einen erkälteten Zeugen (…) keine Ungebühr im Sinne von § 178 GVG dar(stellt)".

! Ein Landgericht hob in einer Urteilsbegründung die Vorteile von Kunststofffenstern gegenüber Holzfenstern hervor: „Kunststofffenster mögen zahlreiche Vorteile haben, insbesondere in Bezug auf Wartung und Pflege – Holz hingegen hat den Vorteil, nicht aus Kunststoff zu sein."

! Ein Ehemann hat in der Regel seinen Wohnsitz dort, wo sich seine Familie befindet, legte der Bundesgerichtshof höchstamtlich fest.

! Ein Verschollener hat seinen Wohnsitz hingegen bei der Ehefrau, befand ein Finanzgericht.

! An sich nicht erstattbare Kosten sind manchmal eben doch erstattbar, beschloss ein Landgericht: „An sich nicht erstattbare Kosten des arbeitsgerichtlichen Verfahrens erster Instanz sind insoweit erstattbar, als durch sie erstattbare Kosten erspart bleiben."

! In einem Verfahren über eine Beleidigungsklage in einem Nachbarschaftsstreit formulierte der Rechtsanwalt des Beklagten: „Mein Mandant hat geäußert, dass die Äußerung des Klägers, wonach mein Mandant sich verleumderisch über den Lebenswandel des Beklagten geäußert habe, eine falsche Äußerung

darstelle. Die Äußerung über die Veräußerung verbotener Substanzen sei deshalb niemals gefallen."
Wie vielfältig die deutsche Sprache doch sein kann!

! Dass Juristen überall tätig sind und nicht nur Gerichte, Parteien und Behörden bevölkern, sondern auch in der staatlichen oder privaten Wirtschaft für die Pflege der deutschen Sprache streiten, belegt ein Merkblatt, in dem sich ein Rechtskundiger in Diensten der Deutschen Bundespost der Definition des Wertsacks verschrieben hatte. Darin heißt es: „Der Wertsack ist ein Beutel, der aufgrund seiner besonderen Verwendung nicht Wertbeutel, sondern Wertsack genannt wird, weil ein Inhalt aus mehreren Wertbeuteln besteht, die in den Wertsack nicht verbeutelt, sondern versackt werden."
*Alles versackt, pardon – alles klar?*

## Europa

### Belgien

§ Falls ein Autofahrer trotz Gegenverkehr wenden will oder muss, hat er solange Vorfahrt, bis er die Geschwindigkeit verringert oder anhält.

### Dänemark

§ Auch Straßenverkehrsvorschriften in anderen Ländern können amüsant sein. So gibt es in Dänemark eine Verordnung, die besagt, dass kein Autofahrer sein Fahrzeug in Bewegung setzen darf, bevor er nicht den folgenden Check gewissenhaft durchge-

führt hat. Sollte er dabei beobachtet werden, wie er sein Fahrzeug in Bewegung setzt, ohne den Check absolviert zu haben, ist eine empfindliche Geldbuße von umgerechnet rund 50 Euro möglich:
Bevor Sie in Dänemark mit Ihrem Auto losfahren, müssen Sie
5. alle Lichter
6. die Bremsen
7. die Lenkung
8. die Hupe auf Funktion prüfen.
9. Weiterhin müssen Sie „durch eine hierfür geeignete Sichtprüfung" sicherstellen, dass sich kein Kind unter Ihrem Fahrzeug befindet.
Falls Sie einmal einen dänischen Krimi ansehen sollten, bei dem schnell jemand in ein Auto springt und losbraust, kann es sich nur um einen Fehler handeln. Dieses Verhalten ist qua Gesetz in Dänemark verboten.

§ Wenn Ihr Fahrzeug eine Panne hat und Sie es am Straßenrand abstellen müssen, muss das Fahrzeug durch ein reflektierendes Warndreieck abgesichert werden. Die Absicherung ist jedoch nur im Fall einer Panne erlaubt.

§ Der Versuch, aus dem Gefängnis auszubrechen, ist nicht strafbar. Falls ein Ausbrecher bei seinem Ausbruchsversuch ertappt wird, muss er die Fortführung seines Ausbruchs einstellen und wird zu einer Verlängerung der Haftzeit um die Zeitspanne verurteilt, die er zur Vorbereitung und Planung des Ausbruchsversuchs benötigte.
*Genial. Nur – wie soll die Planungszeit zuverlässig ermittelt werden?*

§ Damit ein stehendes von einem parkenden Fahrzeug unterschieden werden kann, müssen alle fahrenden Fahrzeuge die Lichter einschalten.

§ Durch den Anbau eines Carports an einem Gebäude erhöht sich der Wert der Immobilie um den 15,5-fachen Wert der Anbaukosten.

§ Wenn der Tod einer Person nicht bei den Behörden gemeldet wird, kostete das bis vor einigen Jahren eine Strafe von 20 Dänischen Kronen (rund 2,70 Euro).

## Estland

§ Hier ist es untersagt, während der körperlichen Liebe Schach zu spielen.

## Frankreich

§ Zwischen 8 Uhr morgens und 8 Uhr abends muss mindestens 70 Prozent der im französischen Radio gespielten Musik von französischen Interpreten sein.

§ In französischen Zügen ist das Küssen verboten.

§ In ganz Frankreich ist es strengstens verboten, sich auf Bahnübergängen zu küssen. Diese Verordnung geht angeblich auf einen traurigen Vorfall zurück, bei dem in Südfrankreich ein junges Liebespaar von einem herannahenden Zug überrollt worden war.

§ Kein Schwein darf von seinem Besitzer den Namen „Napoleon" erhalten.

§ In der französischen Stadt Anibes ist es illegal, Polizisten oder Polizeifahrzeuge auf Fotos zu bannen.

§ Im September 2000 hat die Gemeinde Le Lavandou an der Côte d'Azur ihren Bewohnern kurzerhand

das Sterben verboten. Grund für diese Verordnung war die Überfüllung des lokalen Totenackers – sterben durfte nur noch, wer einen bereits reservierten Platz auf dem Friedhof vorweisen konnte.
*Tja, Sterben will geplant sein!*

§ 1785 erließ der französische König Ludwig XVI. ein Dekret, in dem festgelegt wurde, dass innerhalb der Grenzen seines Reiches die Länge eines Taschentuches gleich seiner Breite zu sein habe. Bewirkt hatte diesen Erlass seine Gemahlin Marie Antoinette, die Anstoß an der Vielzahl unterschiedlich geformter Taschentücher genommen hatte. Die Königin hatte Sinn für Details. So soll sie auf die Nachricht eines Bediensteten, das Volk habe kein Brot zu essen, geantwortet haben: „Dann soll es doch Kuchen essen!"

## Griechenland

§ In Griechenland war es bis vor kurzem verboten, in der Öffentlichkeit Videospiele zu spielen. Das Gesetz schließt Spiele auf Handys und Game Boys mit ein. Verstöße können mit bis zu 75 000 Euro Geldstrafe oder 12 Monaten Haft geahndet werden. 2002 verbot die griechische Regierung das Spielen an „elektrischen, elektrisch-mechanischen und elektronischen Geräten" in der Öffentlichkeit, um so die Spielsucht der Griechen einzudämmen. Noch im selben Jahr wurde das Gesetz wieder aufgehoben.

§ Ein Gesetz im alten Sparta regelte, dass jeder Junggeselle über 30 nicht mehr wählen und nicht mehr an den damals populären Nacktparties teilnehmen durfte.

## Großbritannien

Im Vereinigten Königreich (United Kingdom) hat vieles Tradition und reicht zurück in altehrwürdige Zeiten. Dazu zählen einige Gesetze und Verordnungen nebst Ausführungsbestimmungen, die, wie in den Vereinigten Staaten von Amerika, immer noch in den Gesetzbüchern stehen. Angeblich existieren gut 4000 nationale, 11 000 kommunale und 13 000 zivilrechtliche Gesetze, die vor dem Jahr 1801 entstanden und nach wie vor rechtskräftig sind.
Einige der amüsantesten und/oder unglaublichsten haben wir ausgewählt.

§ Mitunter kann in Großbritannien das falsche Aufkleben einer Briefmarke schwerwiegende Folgen haben. Als „Landesverrat" gilt im Vereinigten Königreich nämlich, wer die Briefmarke mit dem Abbild der Königin oder des Königs kopfüber aufklebt, da dies als Ausdruck der „Despektierlichkeit" und „Kritik am Königshaus" gewertet werden kann.

§ Als Verräter kann auch (theoretisch) hingerichtet werden, wer in Großbritannien eine Münze verunstaltet.

§ In der britischen Stadt Leicester war es angeblich Juden bis zum Jahre 2001 verboten, ein Haus zu bewohnen oder zu kaufen.
Per Gesetz wurde von der Stadtregierung formell auf die knapp vor 800 Jahren in ihrer Satzung festgeschriebenen Verbannung von Juden verzichtet. Das Aufenthaltsverbot ging auf den Grafen von Leicester, Simon de Montfort, zurück, der im Jahr 1231 allen Juden verbot, sich in seiner Stadt niederzulassen. Mit dieser Erklärung wurde die Satzung jedoch rechtlich nicht als Ganzes aufgehoben.

§ Britischen Taxifahrern ist es auf allen öffentlichen Straßen verboten, ihr Fahrzeug zu verlassen. Sollte ein natürliches Bedürfnis das jedoch erfordern, so

dürfen sie laut Gesetz gegen das Heck ihres Fahrzeuges urinieren, solange sich dabei eine Hand am Fahrzeug befindet.
§ In Maldon (Essex) und in der englischen Grafschaft Northumbria ist es verboten, einen Wurm als Angelköder auszugraben.
§ In London ist es illegal, Ehefrauen nach 21 Uhr zu schlagen.
Dieses Gesetz sollte dazu beitragen, die hohe Zahl der nächtlichen Ruhestörungen in London zu verringern.
§ Jeder Londoner Taxifahrer ist per Gesetz dazu verpflichtet, im Heck seines Fahrzeuges einen Heuballen aufzubewahren.
Als dieses Gesetz verabschiedet wurde, wurden die Londoner Droschken noch von Pferden gezogen. Bis heute wurde es noch nicht zurückgenommen.
§ Im gesamten Staatsgebiet von Großbritannien sind ausgestellte Strafmandate wegen falschen Parkens nur dann gültig, wenn der Beamte bzw. Mitarbeiter von Polizei oder Ordnungsamt bei der Erteilung des Bußgelds und beim Ausfüllen des Mandats eine Uniformmütze trägt.
Strafmandate dürfen in Großbritannien prinzipiell nur von Parküberwachern ausgestellt werden, die Uniform tragen. Dazu gehört auch die Mütze. Diese darf zwar bei großer Hitze abgenommen werden, muss aber beim Ausschreiben des Knöllchens wieder auf dem Kopf sein. 2002 klagte ein Autofahrer aus Brighton, weil er beobachtete, wie eine Politesse ohne Mütze ein Knöllchen an seine Windschutzscheibe heftete – und er musste das Bußgeld nicht bezahlen.
§ Außer Karotten dürfen an Sonntagen die meisten Lebensmittel nicht verkauft werden.
Dieses Gesetz galt bis zum Jahr 2000.
§ Alle englischen Männer ab 14 Jahren müssen sich ungefähr zwei Stunden pro Woche von einem Geist-

lichen in der Handhabung von Pfeil und Bogen
unterweisen lassen.
- § Betrunkene Eigentümer einer Kuh können in
  Schottland verhaftet werden.
- § Es ist verboten, in Lokalen, Bars oder Restaurants
  betrunken zu sein.
  *Nirgendwo steht, wo es erlaubt ist.*
- § Wenn sich in einem Haus noch weitere Personen
  befinden, dürfen zwei Männer nicht miteinander Sex
  haben.
- § Bettwäsche darf nicht aus dem Fenster gehängt
  werden.
- § In öffentlichen Verkehrsmitteln ist es Frauen verboten, Schokolade zu essen.
- § Minzpastete darf an Weihnachten nicht gegessen
  werden.
- § Ein Junge, der noch keine zehn Jahre alt ist, darf
  kein nacktes Mannequin sehen.
- § Man darf sein Gepäck in Großbritannien grundsätzlich nicht unbeaufsichtigt lassen, und das Mitnehmen
  von unbeaufsichtigtem Gepäck gilt automatisch als
  terroristische Handlung.
- § Wer ein Fernsehgerät benutzen möchte, muss
  vorher eine Erlaubnis erwerben.
- § Mitglieder des Parlaments dürfen das Parlament
  nicht in einer Rüstung betreten.
- § Wenn Dampflokomotiven auf der Straße fahren,
  muss tagsüber jemand vorausgehen und eine rote
  Fahne schwenken. Nachts muss eine rote Laterne
  zur Warnung geschwenkt werden.
  Dieses englische Gesetz wurde in die Gesetzbücher
  mancher US-amerikanischer Bundesstaaten übernommen.
- § Alle Dampflokomotiven dürfen nicht schneller als
  4 mph (Meilen pro Stunde) auf den Straßen fahren.
- § Jeder, der in der Bibliothek der britischen Stadt
  Widnes in Cheshire einschläft, muss zur Strafe
  5 englische Pfund (rund 7,40 Euro) entrichten.

§ Bis zum Jahre 1997 war Analsex generell verboten und konnte hart bestraft werden.

§ Es ist verboten, im Westminster-Palast zu sterben. Wenn sich dies doch ereignet, muss der Leichnam vor der Ausstellung der Sterbeurkunde aus dem Gebäude entfernt werden. Grund: Da es sich um einen königlichen Palast handelt, hätte der Tote ansonsten Anspruch auf ein Staatsbegräbnis.
*Na, wenn das mal kein Anlass zum Sterben ist!*

§ Es ist verboten, betrunken zu reiten. Sowohl auf Pferden als auch auf Kühen.

§ Der „Outer Space Act" von 1986 verbietet jedem britischen Bürger, ohne offizielle Genehmigung Gegenstände in den Weltraum zu katapultieren. Richtern gesteht die Gesetzgebung zudem zu, Gewalt anzuordnen, um eine extra-terrestrische Invasion abzuwehren.

§ Nach dem „Town Police Clauses Act" von 1872 ist es in London verboten, Wäsche auf der Straße auszubreiten.

§ Laut „Town Police Clauses Act" ist es ebenso verboten, Teppiche auszuschlagen, anzügliche Lieder zu singen und Drachen steigen zu lassen.

§ Auf der kleinen britischen Kanalinsel Sark östlich von Guernsey ist es verboten, Grundbesitz an Töchter zu vererben. Nur Söhne sind dort erbberechtigt. Dieses Gesetz wurde 1999 von der Regierung der von 600 Menschen bewohnten Insel aufgehoben, um einer Klage vor dem Europäischen Gerichtshof zuvorzukommen.

§ Auf der Kanalinsel Sark bleiben das Verbot der Ehescheidung und die Verbannung von Autos bis heute bestehen. Eine Ehescheidung ist nur dann möglich, wenn ein Ehepartner die Insel für mindestens ein Jahr lang verlässt. Ferner ist es Ehemännern durch die Verfassung erlaubt, ihre Ehefrauen mit einem Stock zu schlagen, wenn der Stock nicht dicker als ein Finger ist und kein Blut spritzt.

§ Den Bürgern von York ist es immer noch erlaubt, nach Sonnenuntergang und innerhalb der Stadtmauern Yorks einen Schotten mit Pfeil und Bogen zu erschießen.
Dieses Gesetz wurde zu Lebzeiten des schottischen Nationalhelden William Wallace erlassen. Man befürchtete, dass dieser eines Tages die Stadt einnehmen und plündern könnte.

§ In Cambridge ist das Tennisspiel auf den Straßen verboten.

§ 1647 wurde in England Weihnachten gesetzlich abgeschafft.

§ In Großbritannien existiert seit 1934 ein Gesetz, das das Ungeheuer von Loch Ness – lediglich für den Fall, dass es tatsächlich existiert, unter Naturschutz stellt.

§ Wer im altertümlichen Irland einen Haselstrauch oder einen Apfelbaum fällte, wurde mit dem Tode bestraft. Die Pflanzen galten als heilig.

**Italien**

Pferdesteuer, Zuckersteuer, Reichensteuer, Tabaksteuer, Ökosteuer, Mehrwertsteuer, Mineralölsteuer. Geht es um das Aufspüren und die Erfindung neuer steuerlicher Einnahmen, beweisen Finanzminister unglaubliche Kreativität. Dabei zeigen aber nicht nur deutsche Beamte einen ausgefallenen Ideenreichtum und Spürsinn, sondern beispielsweise auch italienische Finanzbeamte.

§ Bis 1995 existierte dort eine so genannte Kühlschranksteuer, nach der jeder, der ein oder mehrere Kühlschränke besaß, je Kühlschrank eine jährliche Abgabe von 15 Euro leisten musste.

§ Besitzen Sie in Italien ein öffentliches Lokal, egal welcher Art, müssen Sie es bis zur Sperrstunde offen lassen, müssen jeden bedienen, der reinkommt, müssen es dulden, wenn jemand sich nur aufwärmen will, auf die Toilette möchte oder sich im Lokal einfach nur aufhalten will, ohne etwas zu verzehren. Verstoßen Sie gegen diese Bestimmungen, so drohen in dem Fall, dass Sie jemanden nicht auf die Toilette gehen lassen, 50 Euro Bußgeld. Werden Sie nochmals angezeigt, weil Sie einem Passanten den Weg auf die Toilette verweigert haben, drohen 150 Euro Bußgeld. Im dritten und bei jedem weiteren Fall kann ein Richter das Lokal für mindestens zehn Tage schließen.

§ Wenn ein Gast ein Restaurant oder ein Lokal eine Minute vor der Sperrzeit betritt, hat er das Recht, noch ein Getränk zu verlangen, und der Wirt muss es servieren. Befindet sich der Gast aber noch im Lokal, wenn die Sperrzeit um eine Minute überschritten ist, droht dem Gastwirt eine Geldbuße zwischen 200 und 400 Euro.

§ Traumhaft: Verkaufen Sie ein Produkt aus Ihrem Geschäft an einen Kunden und machen einen Scontrino (Kassenzettel), geben diesen Scontrino dem Kunden, der ihn dummerweise wegwirft, weil er ihn eigentlich nicht braucht – und wird dieser nun von der Guardia di Finanza (Finanzpolizei) kontrolliert, während sich die Ware noch in seinem Besitz befindet, droht eine gewaltige Geldstrafe. Diese teilt sich wie folgt auf: Das Hundertfache des Rechnungsbetrages für das Produkt übernimmt der Kunde, das Tausendfache der Verkäufer.

§ Bis 1999 musste jeder Autofahrer jährlich den Führerschein verlängern lassen. Dafür wurde (bis 1997) eine Gebühr von 25 Euro erhoben, danach wurde der gemolkene Autofahrer mit 35 Euro zur Kasse gebeten. Wurde die Gebühr nicht rechtzeitig bezahlt, konnte die Licenza, also der Führerschein, sofort eingezogen werden.

§ Geduld, Geduld! Wer in Italien umzieht, muss sich auf dem Gemeindeamt melden. Danach wartet der Neuzugezogene etwa drei Monate auf einen Beamten der Gemeindepolizei. Dieser kontrolliert, ob man auch tatsächlich in der Wohnung wohnt. Vier Wochen später erhält man einen neuen Personalausweis. Damit muss der Neuankömmling bei der Gemeinde vorsprechen, um Gas, Wasser, Abwasser und Strom zu beantragen. Danach ziehen erneut etwa zwei Wochen ins Land und man erhält eine Bescheinigung, dass man wirklich unter der angegebenen Adresse wohnt. Mit dieser Genehmigung beantragt man ein Telefon, das schließlich nach rund acht Wochen bereitgestellt wird.

§ Hat man in Italien Land- und Immobilienbesitz, der umzäunt ist, muss man darauf achten, dass der Zaun mindestens 1,80 Meter hoch ist. Ist er niedriger und wohnt man in einem ländlichen Gebiet, wo man von Oktober bis Dezember die Jagd pflegt, darf jeder Jäger ohne Erlaubnis des Besitzers über seinen Zaun klettern und auf seinem Grundstück jagen, da jedes Hindernis unter einer Höhe von 1,80 Meter im Jagdeifer nicht auffallen könnte.

§ Als Scharlatan zu arbeiten und damit sein Geld zu verdienen, ist verboten.

§ In der Öffentlichkeit ist fluchen generell verboten.

§ Wenn ein Mann einen Rock trägt, kann er dafür verhaftet werden.

§ Jemanden mit der Faust zu schlagen, ist ein Verbrechen.

§ Hunde müssen in ganz Italien angegurtet sein, sonst ist eine Autofahrt mit Hunden verboten und wird mit einer Geldstrafe oder Anzeige bestraft.

§ Im toskanischen Siena ist es allen Frauen verboten, als Prostituierte zu arbeiten, wenn ihr Vorname Maria ist.

## Litauen

§ Bis 2002 waren Frauen in Litauen gesetzlich dazu verpflichtet, sich vor der Führerscheinprüfung gynäkologisch untersuchen zu lassen, da nach Meinung litauischer Mediziner bestimmte Frauenbeschwerden zu plötzlichen Ohnmachtsanfällen führen könnten. 2002 wurde der Gesetzespassus wieder abgeschafft.

## Luxemburg

§ Wer die Polizei an der Arbeit hindert, Felder mit genetisch manipuliertem Anbau anzündet, oder ein Gebäude boykottiert, begeht Terrorismus und muss mit einer Haftstrafe von 10 bis 20 Jahren rechnen.

## Norwegen

§ Weibliche Katzen oder Hunde dürfen nicht sterilisiert werden. Männliche Hunde oder Katzen hingegen dürfen kastriert werden.

## Russland

§ In der früheren Sowjetunion war es gesetzlich verboten, in einem schmutzigen Auto zu fahren.

§ Einem alten russischen Gesetz zufolge muss ein Zug anhalten, wenn sich entlang der Trasse ein schlafender Mensch befindet und solange warten, bis dieser sein Nickerchen beendet hat.

§ Das russische Parlament verabschiedete 2000 ein Gesetz, das Haustierbesitzern verbietet, ihre Lieblinge zu essen.

§ In Russland ist es seit 1993 nicht mehr erlaubt, Bienen und Wespen zu töten – außer in Notwehr.

## Schweiz

§ Alle Bewohner des Dorfes Finsterhennen im Schweizer Kanton Bern sind dazu verpflichtet, Maikäfer zu jagen und zu töten. Die toten Käfer dürfen nicht in Gewässer oder Jauchegruben gekippt werden. *Dieses Gemeindegesetz wurde 2001 aufgehoben.*

§ In der Schweiz herrscht an hohen Feiertagen, wie Weihnachten, Ostern oder am Buß- und Bettag ein Tanzverbot. Das Tanzverbot an den jeweiligen Vorabenden wurde unterdessen aufgehoben.

§ Am Zürichsee ist es verboten, einen gefangenen Barsch, dessen Größe über dem Mindestmaß liegt, wieder ins Wasser zu werfen.

§ In der Schweiz ist es gesetzlich verboten, eine Autotür zuzuknallen.

§ Die Schweizer Armee war viele Jahre lang auf ihren Brieftaubendienst stolz. Dabei wurden die Brieftauben wie folgt definiert:
„Selbstreproduzierende Kleinflugkörper auf biologischer Basis mit fest programmierter automatischer

Rückkehr aus beliebigen Richtungen und Distanzen".
Dieser Brieftaubendienst unterstand dem Schweizerischen „Bundesamt für Übermittlungstruppen"
bis 1995 und wurde danach aufgelöst.

## Türkei

§ In der Türkei ist es den Frauen gesetzlich verboten, Hosen am Arbeitsplatz zu tragen.

## Ungarn

§ Beim Sex muss das Licht gelöscht werden.

# Der Streithansel und die Gesetze

An verrückten Gesetzen und Verordnungen tragen jedoch nicht nur regelungswütige Beamte und Bürokraten jeder Couleur Schuld, sondern auch die Bürger – also Sie und Ich. Pardon, aber was denken Sie denn, warum zwei Drittel der Weltsteuerrechtsliteratur in deutschen Amtsstuben ersonnen worden sind? Natürlich, es ist schon richtig, dass im ordnungsliebenden Deutschland am besten jeder Atemzug und Wimpernschlag in Gesetze und Verordnungen gegossen werden will, damit auch ja alles seine Ordnung hat!

Unseren Anteil an der Flut blödsinniger Erlasse und Regelungen tragen jedoch auch wir Bürger bei, da wir häufig nicht einsehen wollen, dass ein Gesetz eben gerade auch auf unseren „doch so anderen und nur individuell beurteilbaren Einzelfall" zutreffen soll. Und da wir in einer demokratischen Staatsform leben, wird versucht, möglichst vielen Anliegen gerecht zu werden. Darüber hinaus neigt der Gesetzgeber, der in unseren Landen in der Regel aus Abgeordneten der Parlamente und deren parteipolitischen Mitarbeitern besteht, auch dazu, wieder gewählt werden zu wollen, was nicht selten dazu führt, dass er es möglichst allen Recht machen will.

Aber da ist noch etwas: Wir Deutschen haben zweifelsohne einen Hang zum Streiten, zum Prozessieren und zur Rechthaberei. Und diese Kultur pflegen wir häufig vor Gericht, das darauf nicht nur mit Verfahren und Prozessen reagiert, um Recht zu sprechen, sondern diese Fälle auch kommentiert und dadurch neue rechtliche Tatbestände schafft, die wiederum in neuen Gesetzen und Verordnungen fixiert werden müssen.

Denken Sie nur an das Beispiel des so genannten „Wegerechts". Dieses Recht bezeichnet im großen juristischen Themenkomplex des „Sachenrechts" das Recht, einen Weg über ein fremdes Grundstück zum Zweck des Durchgangs und/oder der Durchfahrt zu nutzen. Dieses Recht lässt sich auf drei verschiedene Arten begründen:

1. Durch eine privatrechtliche Vereinbarung, also einen Vertrag,
2. durch die Bestellung einer so genannten „Grunddienstbarkeit",
3. durch eine Erklärung gegenüber der Bauaufsichtsbehörde in Form einer „Baulast".

Im ersten Fall erlischt das Wegerecht, wenn einer der Grundstückseigentümer wechselt, da es sich lediglich um eine privatrechtliche Vereinbarung handelt. Im zweiten Fall ist die Bestellung einer Grunddienstbarkeit jedoch ein „dingliches Recht" und lastet auf dem Grundstück. Auch spätere Eigentümer müssen dieses Recht respektieren, weil es mit bindender Wirkung im Grundbuch eingetragen wird. In der Regel wird eine solche Grunddienstbarkeit verfügt, weil die Rechtsbeziehungen zweier Nachbarn gestaltet werden müssen, die sich über ein Wege-, Überfahrts- oder Leitungsrecht (für Wasser, Abwasser, Strom usw.) einigen müssen. Im Falle des Wegerechts geht es meistens darum, dass ein Nachbar sein eigenes Grundstück nur über die Zufahrt des anliegenden Grundstücks erreichen kann. Dann muss man sich über die Art der Zubringung sowie über die Höhe einer Nutzungsentschädigung einigen. Notfalls muss hierzu ein Gutachter beauftragt werden. Im dritten Fall schließlich wird über eine Baulast eine öffentlich-rechtliche Verpflichtung eines Grundstückseigentümers gegenüber der Baubehörde ausgesprochen, die ebenfalls regelt, wer, wann, warum und wie und über das benachbarte Grundstück zu seinem eigenen gelangen kann.

Das hört sich alles doch sehr vernünftig an. Ja, eigentlich schon – aber Vernunft und Verstand haben mit der täglichen Praxis an deutschen Gerichten herzlich wenig zu tun. Denn heftige Streitigkeiten unter Nachbarn sind keine Seltenheit und so dokumentieren die Gerichte, dass allein die Fälle, bei denen sich Nachbarn über das Wegerecht in den Haaren liegen, in den vergangenen zwei Jahrzehnten um gut 250 Prozent gestiegen sind!

Da gibt es Fälle, wo das Wegerecht zwischen zwei Grundstückseigentümern jahrzehntelang ohne Problem funktioniert hat. Plötzlich jedoch wird das Grundstück an einen Außenstehenden verkauft und der ärgert sich darüber, dass er dem Nachbarn die freie Fahrt über sein Grundstück gewähren muss. Jetzt werden große Blumenkübel in den Weg geräumt, heimlich nachts Pflastersteine entfernt, um den Weg unbefahrbar zu machen, Nägel einzementiert, um die Reifen des verhassten Nutznießers aufzuschlitzen oder Bäume angesägt, die der nächste Sturm auf die Durchfahrt werfen soll. Wer sich den Spaß machen will, zu erkunden, wie einfallsreich deutsche Grundstückseigentümer sein können, um das Wegerecht ihrer Nachbarn zu durchkreuzen, kann etliche Gerichtsurteile studieren, die zu immer neuen spannenden rechtlichen Definitionen, Zusatzverordnungen und Erlassen eines an sich einfachen Rechts führen.

Ja, die Medaille hat stets zwei Seiten. Auch auf diesem Weg entstehen verrückte Gesetze und Verordnungen!

# Schlusswort

Gesetze sind der Spiegel einer Gesellschaft. Wenn dieser Satz, der so lapidar und eindringlich daherkommt, richtig ist, dann bestätigt er den Ordnungsfanatismus und die Regelungswut der Deutschen, die Liebe Englands zu seinen altehrwürdigen Traditionen und die puritanische Verklemmtheit Amerikas. Ja, da könnte schon etwas dran sein, zumal wir unserer kleinen Sammlung verrückter Gesetze und Verordnungen kaum ein lohnenswertes Stück aus Frankreich einverleiben konnten. Wie heißt es dort über das eigentliche Wesen der menschlichen Existenz? „Savoir vivre" – das Wissen um die Kunst zu leben, steht im Zentrum der französischen Philosophie. Benötigt Frankreich deshalb so wenige Gesetze und finden sich aus diesem Grund so wenige verrückte Verordnungen?
Insofern wäre die Grand Nation die vernünftigste unter den rechtsbildenden und Recht sprechenden Staaten dieser Erde. Amerika hingegen, das Land, das täglich die Demokratie und die freie Wirtschaftsordnung in alle Himmelsrichtungen verbreitet, wäre ein Staat, der seinen Bürgern genauestens vorschreiben müsste, was sie zu tun und lassen, zu denken und nicht zu denken hätten.
Wahrscheinlich ist alles halb so schlimm. Wahrscheinlich rührt unser merkwürdiger Eindruck von der US-amerikanischen Gesetzgebung nur von fehlerhaften Übersetzungsleistungen an sich durchaus sinnvoller Vorschriften her. Könnte es deshalb nicht sein, dass wir „gesunden Menschenverstand" mit geistiger Verwirrung verwechseln?

# 2. Teil

## GESETZLICHE KURIOSITÄTEN & BÜROKRATISCHE MONSTER

# Einführung

„Jede Nation spottet über die andere, und alle haben Recht." Dieses Zitat wird dem deutschen Philosophen Arthur Schopenhauer (1788–1860) zugeschrieben, der damit zweifelsohne Recht hat.

Nichts ist einfacher, als sich über die kulturellen Eigenarten anderer Nationen zu mokieren, wenngleich es in der globalisierten Welt Gott sei Dank zunehmend offener und grenzüberschreitend freizügiger zugeht und sich die Rede über den so genannten Volkscharakter einer Nation von daher schon verbietet. Zumindest in der westlichen Hemisphäre, wo Hinz und Kunz tagtäglich durch die Gegend jetten und Jobs und Wohnorte wie die Hemden wechseln, sorgt heute vielmehr derjenige für den Spott seiner Mitmenschen, der noch in den nationalen Kategorien vorvergangener Jahrhunderte denkt. Die Zeiten haben sich geändert: „Die Engländer" spazieren nur noch selten im Tweed, mit Melone und Regenschirm durch den Hydepark, „die Franzosen" nuckeln kaum noch, mit einer schwarzen Baskenkappe bemützt, an einer Gauloise – und „die Deutschen" marschieren nur noch zum Gefallen Hollywoods mit Pickelhaube und Drillich durch das Brandenburger Tor.

Eines aber hat sich nicht verändert: Recht, Gesetz und Bürokratie. Und dies gilt für alle Nationalstaaten und für alle Zeiten. Die Vorstellung vom „panta rhei", die auf den griechischen Philosophen Heraklit zurückgeführt wird –, dass alles fließt, sich alles fortbewegt und nichts bestehen bleibt –, gilt für alle Lebensbereiche, mit Ausnahme von Recht und Gesetz. Sofern Sie das für eine Übertreibung oder Fehlinterpretation halten, lesen Sie doch noch ein-

mal den Teil „Nackt duschen streng verboten –
Die verrücktesten Gesetze der Welt", und brechen
Sie zu einer kleinen Exkursion durch den Dschungel
von Paragrafen, Verordnungen und Ausführungsbestimmungen auf, die Sie teils verdutzt und teils
erheitert zurücklassen wird. Besonders die Vereinigten Staaten von Amerika, das Land der unbegrenzten Möglichkeiten, tut sich hier hervor. Mit
schier unmöglichen Gesetzen aus der Zeit der
Indianerkriege und ungezählter Verbote in allen
Bundesstaaten, die die persönliche Freiheit rigoros
begrenzen. Besonders, was das Thema Zwischen-
menschliches betrifft. Da schlagen die Puritaner un-
barmherzig zu (so dass nicht einmal unbekleidetes
Duschen erlaubt ist) und skalpieren alle natürlichen
menschlichen Triebe.

Trotzdem haben auch wir Europäer uns vergangen
und gehören gehörig bestraft. Vergangen nämlich am
Ansehen der Vereinigten Staaten, deren Gesetzgebung und Rechtsprechung vielerorts zwar „von ges-
tern" ist, die damit jedoch nicht allein auf der Welt
sind. Im Gegenteil: Die leibliche Mutter aller wild
gewordenen Gesetzgeber, Rechtspfleger und -ver-
weser, Advokaten, Richter und Bürokraten ist offensichtlich Europa. Insofern verbüßen wir unsere
Strafe, kehren vor der eigenen Tür und legen nach.

Ziehen Sie sich warm an, denn dieser Teil wird
Ihnen die Augen öffnen über das, was die Alte Welt
zusammenhält. Nicht die Aufklärung ist es, nicht der
Schlachtruf der Französischen Revolution, nicht die
Wurzeln der abendländischen Kultur. Nein: das fins-
tere Mittelalter! Lediglich die Erlasse und Verordnungen von Bürokraten und Gesetzgebern, die mit
selbst auferlegter und hochnotpeinlicher Akribie die
Welt ordnen, regeln und in Kategorien unterteilen,
liefern den Kitt, der die menschliche Gemeinschaft

zu einem Ganzen macht. Nur sie wissen, was Gut und Böse, Richtig und Falsch ist, was sich schickt und was unschicklich ist.

Wussten Sie etwa, dass die EU-Bürokratie nicht nur unschuldige Gurken und Bananen einer paragrafischen Inquisition unterzieht, die Farbenmischung einer harmlosen tiefgefrorenen Pizza Napoletana vorschreibt und die Zusammensetzung des Honigs verordnet, sondern auch die Länge des angeblich liebsten Stücks des Mannes? Oder, dass die Brüsseler Gurkentruppe den Niederländern den Bau von Seilbahnen verordnet – weil, nun ja, weil einfach alles in der Europäischen Union harmonisiert und vereinheitlicht werden muss? Kein Wunder, dass man in dem schon namentlich niederen Ländchen Ströme von Tränen lacht. Aber bitte schön, außerhalb der gesetzlich vorgeschriebenen Arbeitszeit, und zwar auf die Sekunde genau! Denn nichts ist dem Amtsschimmel in der belgischen Metropole so sehr verhasst wie Ungenauigkeit. Deshalb legt er die Zeiteinheit einer Sekunde wie folgt fest: „Die Sekunde ist CI das 9.192.631.770-fache der Periodendauer, der dem Übergang zwischen den beiden Hyperfeinstrukturniveaus des Grundzustands von Atomen des Nuklids 133Cs entsprechenden Strahlung."

Ja, Sie sehen: Im Bürokratentempel der Union, in der Europäischen Kommission, gibt es kaum einen ersichtlichen Grund, sich über die roten Gesetzgeber der ehemaligen DDR lustig zu machen, die zum Beispiel treudeutsch bis in den Tod Jahr für Jahr eine neue Gesetzesverordnung über die Einführung und Geltungsdauer der Sommerzeit vom Stapel ließen. Nach dem Motto: „Alle klagen über Materialmangel. Wir nicht ..." Ziemlich krass sind auch die juristischen Winkelzüge und bürokratischen Spitzfindigkeiten (nicht nur) hierzulande, wenn es um Angelegenheiten des Namensrechts geht. So haben sich zum Beispiel Oberlandesrichter im schönen Schleswig-Holstein hervorgetan und dem Antrag einer Mutter stattgegeben, ihr Töchterchen Emily-Extra nennen zu dürfen. Klar, der Mama kam es extra auf das „Extra" an, und die Richter zeigten volles Verständnis, anders als zuvor niedrigere Instanzen, weil eben nicht das Recht der Namensfindung, sondern auch der Namenserfindung existiere. Wie fortschrittlich!

Ganz im Gegensatz zur schönsten Freizeitbeschäftigung der Welt – zum Fußball. Klar, Sie wissen, was die Abseitsregel besagt, dass ein Spiel 90 Minuten lang währt und jede Mannschaft exakt 11 Kicker zählen muss, und schließlich auch, dass das Runde ins Eckige muss. Darüber hinaus aber wissen Sie wahrscheinlich nicht, dass die gesetzten Herren der Sportverbände und -gerichte, der Ausschussgremien und Vollzugsorgane noch viel lieber höchst sinnreiche und nachvollziehbare Paragrafen durch die Gegend bolzen, als real auf das runde Leder einzudreschen. Zurückzuführen auf diese verborgene Leidenschaft ist wohl auch eine der dämlichsten Strafen für ungebührliches Benehmen eines Spielers. Denn wenn sich dieser im rauschhaften Jubel über ein soeben erzieltes Tor seines Trikots entledigt, kassiert er die Gelbe Karte. Nackt jubeln verboten! Wahrscheinlich können die angegrauten Sportbürokraten den Anblick junger und gut durchtrainierter Körper nicht mehr ohne Missgunst ertragen.

Die Welt ist voller Verbote, Strafen und Bußen. Das zeigt auch die zweite Sammlung verrückter Gesetze und Verordnungen. Da ist es schon erbaulich, dass zumindest im geizigen Schottland auch einmal an die Bedürfnisse des Menschen gedacht wird, denn es heißt: „Wenn jemand an Ihre Tür klopft und die Benutzung Ihrer Toilette begehrt, sind Sie gesetzlich verpflichtet, ihm Zutritt zu gewähren."

# Verrückte Fußballregeln

Ein Glück, dass es Sportfunktionäre gibt. Damit sollen nicht diejenigen gemeint sein, die zu jeder Veranstaltung kommen, ein paar Grußworte sprechen, das Buffet plündern und sich wieder vom Acker machen. Vielmehr gilt das Lob einer anderen Gattung unter den meist gut gekleideten Schattenmännern. Und zwar jenen, die um eine fortwährende Verbesserung ihrer Sportart bemüht sind und die deshalb auch stets daran arbeiten, die Regeln nachvollziehbarer und fairer zu machen.

## Nichts für Nervenbündel

! Man nehme die Leichtathletik, und dort vor allem die Sprintwettbewerbe. Da war es in früheren Zeiten ein Leichtes, sich pfeilschneller, aber nervenschwacher Konkurrenten zu entledigen: Man musste nur einen Fehlstart verursachen, dann besagte eine leidlich sinnfreie Regel, dass derjenige, der beim nächsten Startversuch auch nur ein klein wenig zuckte, disqualifiziert wurde – selbst wenn er sich beim ersten Versuch keinen Millimeter von der Stelle gerührt hatte. Mittlerweile fliegt schon der Verursacher des ersten Fehlstarts aus dem Rennen, was dazu führt, dass weniger riskiert wird.

Dass die Rekorde in letzter Zeit dennoch weiter purzeln und immer neue Schallmauern durchbrochen werden, hat wohl weniger mit der unglaublichen Reaktionsfähigkeit der Weltklassesprinter zu tun als vielmehr mit dem medizinischen Fortschritt. Aber das soll hier nicht unser Thema sein.

# Handarbeit auf dem Fußballfeld

Widmen wir uns der schönsten Nebensache der Welt – der nimmermüden Jagd nach dem runden Leder. Da gibt es Feinheiten im Regelwerk, die selbst eingefleischte Fußballfans möglicherweise gar nicht kennen.

! Zum Beispiel die Tatsache, dass Torhüter noch bis 1903 in der gesamten eigenen Spielhälfte den Ball in die Hand nehmen durften. Zwar nur für zwei Sekunden, aber immerhin.

Nun bescheinigt so mancher Keeper seiner eigenen Gattung, sie sei eine etwas eigenwillige, ja sogar „ein bisschen verrückte Spezies". Ein Musterbeispiel dafür war jener Petar Radenkovic, genannt Radi, der sich als legendärer Torhüter des TSV 1860 München schon mal ausgehend vom eigenen Sechzehner bis weit in die gegnerische Hälfte dribbelte – selbst auf schneebedecktem Boden. Hätte Radenkovic den Ball auch noch in die Hand nehmen dürfen, er wäre vermutlich ein gefürchteter Torjäger geworden. Letztlich wurde die Regel jedoch schon lange vor der fußballerischen Neuzeit wieder abgeschafft. Wohl deshalb, weil übereifrige Keeper mit unmotivierter Handarbeit regelmäßig für Chaos außerhalb des Strafraums gesorgt hatten. Man stelle sich einmal vor, ein Oliver Kahn hätte überall auf dem Spielfeld die Hände benutzen dürfen. Vermutlich hätten sich schon bald die Zivilgerichte mit Körperverletzungsklagen auseinandersetzen müssen.

## Die Färöer-Regel

Nein, es ist schon gut, dass der Torhüter wieder von den Regelgewaltigen in seinen natürlichen Lebensraum zurückgeführt und das Spiel in geordnete Bahnen gelenkt wurde. Wie ärgerlich, dass keine, aber auch gar keine Fußballregel etwas gegen die Unbill des Wetters ausrichten kann – wohl der einzige äußere Einfluss, der die Macht hat, eine Regel beim Fußball zu verändern, und nicht umgekehrt. Der ständige böige Wind im hohen Norden Europas ist so ein Fall, bläst er doch ins beste Fußballstadion hinein und stört. Auf den Färöern etwa, jener zerklüfteten Inselgruppe zwischen Großbritannien, Island und Norwegen, tost der Sturm bisweilen ganz schön heftig. Und weil die knapp 50000 Einwohner dort keineswegs einfältige Schafhirten sind, haben sie für ihre regionalen Fußballregeln vom Weltverband FIFA eine innovative Änderung eingefordert.

! Erhält eine Mannschaft einen Elfmeter zugesprochen, dann darf sich in Thorshavn und Klaksvik der Schütze Unterstützung holen. Einer seiner Teamkollegen hält den Ball so lange fest, bis der andere geschossen hat, um so dem Wind ein Schnippchen zu schlagen.

Bei der größten Sternstunde des färöischen Fußballs, am 12. September 1990, hat jedoch kein Elfmeter eine Rolle gespielt. Damals besiegte das Nationalteam in seinem allerersten Qualifikationsspiel überhaupt Österreich mit 1:0, Torschütze Torkil Nielsen, er gilt als einer der besten Schachspieler des Inselstaates. Hätte es übrigens in diesem Spiel einen Strafstoß gegeben, der Schütze hätte ohne Ballhalter auskommen müssen – das Match fand nämlich im schwedischen Landskrona statt.

## Der Baum ist dem Fußballspieler sein Feind

Wind ist nur eine von vielen Naturerscheinungen, die dem Kicker das Leben schwer machen. Regen, Blitz, Donner, Schnee – alles bekannte Phänomene und Gift für Schönwetterfußballer. Die Tierwelt dagegen hält sich im Normalfall höflich heraus, wenn sich 22 Sportler treffen, um dem Leder hinterherzujagen. Sieht man von ein paar Saatkrähen und jener Ente ab, die Sepp Maier in den 1970er-Jahren durch das Münchner Olympiastadion jagte. Dabei gibt es gar keine Regel, die Tieren den Zugang zu Fußballplätzen verwehrt.

! Sehr wohl aber ist seit 1896 exakt festgeschrieben, wie es sich zumindest hierzulande mit der Botanik verhält. Die „Jenaer Regeln" legten fest, dass Spielfelder frei von Bäumen und Sträuchern sein müssen.

Man kann sich ungefähr vorstellen, wie ein Spiel vor der Einführung dieser elementaren Vorschrift ausgesehen haben muss: Die Bälle landeten ständig im Blumenbeet, die Spieler rannten andauernd gegen irgendwelche Stämme – oder prallten wahlweise mit wild gewordenen Torhütern zusammen, die ihnen das Leder vom Fuß fingern wollten.

## Der Regen prasselt
## unaufhörlich hernieder

! Apropos Ball: Während auf dem Schulhof immer noch gern mit einer Coladose gebolzt wird, gibt es für offizielle Spiele das klare Gesetz, dass es sich beim Fußball um ein Spielgerät in „Kugelform" handelt. Vom Material Leder ist übrigens schon lange keine Rede mehr. Vermutlich auch besser so, denn die seit der WM 1986 in Mexiko genutzten synthetischen Bälle mit versiegelten Nähten verhindern die Wasseraufnahme, die früher schon mit dem ersten Tropfen begann. Damals wurden die Bälle in der Nässe bleischwer. Insofern verwunderlich, dass Helmut Rahn im strömenden Regen des WM-Finales von 1954 die Pille beim 3:2 „aus dem Hintergrund" überhaupt bis zur Linie des ungarischen Tores dreschen konnte, ohne sich dabei den Fuß gebrochen zu haben. Eigentlich ist diese Tatsache das wahre „Wunder von Bern".

## Frischfleisch

Wer dachte, dass müde oder verletzte Kicker schon immer durch frische Kräfte ersetzt werden durften, ist auf dem Holzweg.

! Erst seit 1969 sind Auswechslungen beim Fußball gestattet. Früher mussten die angeschlagenen Kicker eben die Zähne zusammenbeißen. Das wäre heute undenkbar, schließlich gilt die Spezies des modernen Fußballprofis nicht gerade als Ausbund an Tapferkeit. Der beinharte Trainer Werner Lorant hat dazu einmal gesagt: „Schlimm ist dieses Gejammer. Tut hier weh, tut da weh. Aber solange sie das Handy halten können, muss ja noch genug Kraft da sein." Und der frühere Präsident des 1. FC Kaiserslautern, Jürgen

„Atze" Friedrich, ergänzte mit Blick auf seine aktive Karriere: „Wir waren früher härter – bei uns gab's keine Verletzungen, sondern nur glatte Brüche." Dennoch kam es auch damals vor, dass einmal ein Spieler nicht weitermachen konnte. Dann mussten seine Kameraden eben ohne ihn das Spiel zu Ende bringen.

! Seit 1995 dürfen pro Mannschaft drei Auswechslungen vorgenommen werden. Und schon bald könnte es sein, dass ausgewechselte Spieler wieder aufs Feld zurückkehren können.

! In Bayern startete man zuletzt ein Pilotprojekt, hier dürfen Spieler in den Klassen von der Kreisliga abwärts zurückgewechselt werden. So richtig begeistert sind die bajuwarischen Amateurfußballer davon nicht; es sei die Lizenz zum Zeitschinden, so das Hauptargument. Doch all diejenigen, für die am Wochenende neben der Jagd nach Punkt und Tor auch der gesellschaftliche Aspekt eine Rolle spielt, mögen es durchaus begrüßen, wenn der vom Vorabend noch schwere Kopf zwischenzeitlich mal eine Auszeit bekommt.

## Nicht weniger als sieben, nicht mehr als elf!!!

Apropos Köpfchen. Der Philosoph Jean-Paul Sartre hat einst das Dilemma beim Kicken folgendermaßen auf den Punkt gebracht: „Bei einem Fußballspiel verkompliziert sich alles durch die Anwesenheit der gegnerischen Mannschaft." Dabei konnte man in den Kindertagen dieses Sports noch nicht einmal sicher sein, mit wie vielen Gegnern man es aufzunehmen hatte.

! Die ersten Fußballregeln, die 1848 von englischen Studenten der Universität Cambridge verfasst worden waren, sahen nur eine ungefähre Anzahl von Spielern vor: 15 bis 20 Mann bildeten damals ein Team. Erst 1870 wurde die Beschränkung auf elf Leute pro Mannschaft in den Regeln festgeschrieben. Und seither gibt es auch eine Untergrenze: Mindestens zu siebt muss ein Team zu Beginn eines Spiels auf dem Platz stehen, sonst pfeift der Schiri nicht an. Schon allein deshalb versuchten früher die Mannschaften des Ostblocks, ihren Kader vor Europapokalspielen im Westen möglichst eng beisammenzuhalten.

## Der Torraub

Auch die Sache mit den Strafen für sportwidriges Verhalten musste sich erst entwickeln. Üble Typen wie der frühere Verteidiger von Tasmania Berlin, Herbert Finken, der sich seinen Gegenspielern stets mit den Worten „Mein Name ist Finken, und du wirst gleich hinken" vorstellte, hatten bei Schiedsrichtern immer schon einen schweren Stand.

! Bereits 1877 wurde der Platzverweis für besonders bösartige Regelverstöße eingeführt. Die Gelbe Karte folgte allerdings erst 1970 und damit nach Finkens aktiver Bundesligakarriere, die 1966 geendet hatte. Bis 1993 durften Abwehrspieler ihre Kontrahenten übrigens auch als letzter Mann foulen, ohne vom Platz gestellt zu werden. Erst dann führte man ein, dass eine Notbremse unweigerlich einen Platzverweis zur Folge haben muss.
Nur, damit keine Missverständnisse aufkommen: Wenn in Österreich von „Torraub" die Rede ist, dann meint man damit nicht, dass sich eine der beiden Mannschaft mit Gestänge und Netz vom Acker

gemacht hat. Vielmehr handelt es sich bei dieser skurrilen Bezeichnung um den dort üblichen, offiziellen Begriff für die Vereitelung einer klaren Chance, also um ein Synonym dafür, was man in Deutschland als Notbremse bezeichnet.

## Abseits ist, wenn das Fähnchen hochgeht

Es gibt nicht wenige, die sich schon deshalb lieber mit Cricket oder Skat beschäftigen, weil ihnen das Fußballspiel zu billig, zu einfach ist. Nun stelle man sich einmal vor, die Abseitsregel würde auch noch abgeschafft werden. Klar, für viele Stürmer, die auch nach zahlreichen Profijahren noch nicht genau wissen, warum sie in manchen Situationen zurückgepfiffen werden, wäre es eine Offenbarung. Für alle Linienrichter mit Sehschwäche ebenfalls. Aber für alle anderen? Interessanter würde das Spiel dadurch gewiss nicht werden, auch wenn der deutsche Trainer Felix Magath ein vehementer Verfechter dieser Idee ist. Die Abseitsregel stirbt ohnehin einen schleichenden Tod.

! 1907 wurde Abseits in der eigenen Hälfte abgeschafft, 1920 nach Einwürfen. Seit 1990 ist gleiche Höhe kein Abseits mehr. Zur Jahrtausendwende wurde das passive Abseits eingeführt, nach der nur derjenige Balltreter zurückgepfiffen werden darf, der aktiv auf das Spielgerät aus ist.

Eine Regel, die seit ihrer Einführung mehr als umstritten ist, schließlich grenzt es schon an Beleidigung oder zumindest an böswillige Unterstellung, wenn man einem Fußballspieler vorwirft, passiv zu sein, oder gar, sich nicht an einem Spielzug zu beteiligen. Und dann dieses andauernde Wechseln von passiv zu aktiv – man kommt sich im Stadion schon fast vor wie bei einer Bilanzpressekonferenz.

! Dass die Regel vom passiven Abseits einer Überarbeitung bedurfte, das hatte der Weltverband FIFA zeitig begriffen. Doch die anlässlich des Confederations Cup 2005 eingeführte Vorgabe, dass Linienrichter erst dann die Fahne heben sollten, wenn ein Spieler den Ball auch wirklich berührte, ging total in die Hose. Stürmer rannten sich über 30, 40 Meter die Seele aus dem Leib, um letztlich festzustellen, dass der ganze Aufwand völlig für die Katz war. Selbst bierernste deutsche Schiedsrichter lachten sich nach eigenen Angaben über diese Norm kaputt, während die Fußballwelt Sturm lief gegen die realitätsferne Regel. Sie wurde ziemlich schnell wieder abgeschafft, das passive Abseits allerdings blieb.

## Von der Einsamkeit des Schiedsrichters

So ist das oft bei Joseph „Sepp" Blatter und seinen FIFA-Funktionären: Dinge, die dringend geändert werden müssen, sind wie eingemeißelt. Man nehme nur die dauerhafte Verweigerungshaltung, was technische Hilfsmittel angeht.

Würde ein Videorichter alles überwachen, dann könnte man sich natürlich nicht mehr über so groteske Fehlentscheidungen wie jene beim WM-Achtelfinale 2010 amüsieren, als der Schuss des Engländers Lampard einen halben Meter hinter der deutschen Torlinie aufkam, dieses klare Tor jedoch vom Unparteiischen aus Uruguay unerklärlicherweise übersehen wurde. Aber der Gerechtigkeit wird eben nur Genüge getan, wenn man die Unparteiischen und deren Unzulänglichkeiten in ihrer Wahrnehmung unterstützt. Mitten im digitalen Zeitalter mit allen technischen Möglichkeiten und Dutzenden von Kameras im Stadion entscheiden ein paar einsame Männer auf dem Fußballfeld nur auf Grundlage ihrer Sehkraft in Bruchteilen von Sekunden über Sieg und Niederlage und damit über Haben und Nicht-Haben von Millionen von Euro. Wenn Jules Verne so etwas vor 150 Jahren in einer seiner Science-Fiction-Geschichten geschrieben hätte, man hätte ihn für verrückt erklärt.

## Tod der Punkteteilung!

Andere Dinge, die eigentlich ganz gut funktionieren, will man in der Verbandszentrale im schweizerischen Nyon dagegen unbedingt ändern. Wie sagte Diego Maradona doch einst: „Jetzt fehlt nur noch, dass Blatter eines Morgens aufsteht und fordert, dass Fußball mit Dartpfeilen gespielt wird." Nun, darauf ist der quirlige Funktionär noch nicht gekommen, dafür treibt Blatter die fixe Idee um, das Unentschieden abzuschaffen – zumindest bei Weltmeisterschaften. Der Plan des globalen Fußball-Chefs dahinter ist der: Vorrundenspiele sollen attraktiver werden, die Teams davon abgebracht werden, zu taktieren und sich Pünktchen für Pünktchen dem Weiterkommen zu nähern.

Man denke an die Italiener im Jahr 1982: Drei Unentschieden – gegen Peru, Polen und Kamerun – brachten sie in die Zwischenrunden, und das nur, weil sie mehr Tore als Kamerun erzielten (2:2 gegenüber 1:1). Dann drehten sie so richtig auf und wurden am Ende Weltmeister. Für Blatter offenbar eine ungute Geschichte. Fragt sich nur, ob es bei Gleichstand nach 90 Minuten mit Verlängerung oder gleich Elfmeterschießen weitergehen soll.

## Holländische Gladiatorenspiele

Der holländische Trainer Louis van Gaal hat sich darüber auch mal seine Gedanken gemacht und vorgeschlagen, das Elfmeterschießen abzuschaffen. Stattdessen plädiert der Fußballlehrer für „Gladiatorenspiele", was nicht heißt, dass nach 90 Minuten Löwen und Tiger ins Stadion gelassen werden, die dann je nach Trikotfarbe und Leibesfülle der einzelnen Akteure mit der einen oder der anderen Mannschaft aufräumen. Vielmehr meint van Gaal damit, dass jedes Team nach und nach dezimiert wird.
Und das soll so funktionieren: Geht eine Partie in die Verlängerung von zweimal 15 Minuten, wird alle 5 Minuten von jeder Elf ein Mann herausgenommen. Nach 95 Minuten spielen 10 gegen 10, nach 100 Minuten 9 gegen 9. Ab der 115. Minute dann nur noch 6 gegen 6. Bei einem Unentschieden nach 120 Minuten entscheidet das Golden Goal.
Wir hätten da noch eine kleine Ergänzung zum Vorschlag des bayerischen Meistermachers: Wenn nach zweieinhalb Stunden kein Tor gefallen ist, kommen doch noch Löwen und Tiger in die Arena. Da bekäme die holländische Formulierung vom Spiel um „Gladiolen oder Tod" eine ganz neue Dimension.

## Der Einwurf, das unbekannte Wesen

Van Gaal hatte noch eine weitere Idee, für die übrigens auch Blatter und Magath zu haben sind: Er plädiert für eine Abschaffung des Einwurfs. Die Spieler würden sich zweimal überlegen, ob sie die Kugel ins Seitenaus bolzen, wenn der Gegner daraufhin eine Art Freistoß von der Stelle bekommt, wo das Ding über die Linie getreten ist, so seine Überlegung.

Felix Magath findet, eigener Einwurf sei bisher eher ein Nachteil: Die verteidigende Mannschaft habe es immer leicht, den Raum zuzustellen und schnell zu kontern.

! Der Einwurf ist bislang ja so ein bisschen das unbekannte Wesen im Fußball. Wenn etwa ein Spieler einen Einwurf – warum auch immer – so ausführt, dass der Ball, ohne einen weiteren Spieler zu berühren, ins eigene Tor geht, so gibt es, was kaum einer weiß: Eckball für den Gegner. Wenn er ihn ins gegnerische Gehäuse semmelt, gibt es dementsprechend Abstoß. Sollte aber zwischen Wurf und Tor ein Spieler den Ball berühren, zählt der Treffer.

Das weiß man in Deutschland seit den 80er-Jahren, als der Bremer Uwe Reinders den damals neuen Bayern-Torwart Jean-Marie Pfaff mit einem Einwurf zum Gespött machte. Der ist Belgier und machte gleich bei seinem Debüt deutlich, warum seine Landsleute einen ähnlichen Ruf wie die Ostfriesen haben.

## Nackte Körper unerwünscht

Dann wollen wir uns noch ein bisschen mit den Klamotten der Fußballer beschäftigen, denn – ganz klar – auch da gibt es einiges zu berücksichtigen. Dass Torschützen, die sich ihres Trikots entledigen mit einer Gelben Karte bestraft werden, ist bekanntlich eine der dämlichsten Regeln des modernen Fußballs. Damit wird das harmlose Abstreifen der Textil-Pelle genauso heftig geahndet wie eine gesundheitsgefährdende Grätsche oder ein leichter Ellbogencheck. Das wäre ungefähr so, als würde im Strafgesetzbuch auf schweren Raub und Radeln auf der falschen Straßenseite gleichermaßen mehrere Jahre Zuchthaus stehen.

## Jesus lieben verboten!

Aber nicht nur nackte Haut ist den Funktionären ein Graus – auch das, was die Profis drunter haben, muss exakt den Vorstellungen der Regelhüter entsprechen.

! So dürfen Spieler keine Unterwäsche mit Slogans oder Werbeaufschriften zur Schau tragen. Wer nun bei der Formulierung dieser Norm gleich an sexy Slips mit aufgedruckter Kondom- oder Viagra-Reklame denkt, dem sei mitgeteilt, dass diese Vorschrift natürlich in erster Linie auf unter den Trikots getragene T-Shirts gemünzt ist. Seit diese Regel im Sommer 2007 eingeführt wurde, dürfen die Mitglieder des Bibelkreises nicht mehr das gern genommene „Jesus liebt dich" aufs Hemdchen pinseln, auch Botschaften an die Familie („Muckelchen, Du bist mein wahrer Volltreffer") sind verboten. Ein früherer St.-Pauli-Profi hatte stets ein Supermann-Leibchen gezeigt, wenn er das Runde mal ins Eckige bugsierte – ebenfalls untersagt – schließlich wird hier Werbung für eine kommerzielle Comicfigur gemacht.

! Apropos Werbung: In der UEFA Champions League ist auf mehr als 90 Seiten Reglement wirklich alles festgelegt, was man sich vorstellen kann. Natürlich auch, was passiert, wenn zwei Klubs aufeinandertreffen, die den gleichen Trikotsponsor haben. Dann spielt nämlich nicht Opel gegen Opel oder Ford gegen Ford. Nur der Heimverein darf mit dem Schriftzug der Firma auf der Brust antreten. Der Gastverein hingegen darf nur für ein Produkt

dieses Sponsors werben. Im Fall der Fälle also
Eon gegen Atomstrom, Barilla gegen Penne Rigate
oder Bayer gegen Aspirin.

## Ein Trikot ist ein Kleidungsstück mit Ärmeln

Die genaue Formulierung der Regel 4 – Ausrüstung
der Spieler – wurde mit dem Verbot der Slogans auf
der Unterwäsche einer kompletten Überarbeitung
unterzogen, was nicht nur den innovativen T-Shirt-
Schmieranten, sondern auch einer Horde unbe-
zähmbarer Löwen geschuldet war. Das Nationalteam Kameruns war 2002 mit Trikots zur Weltmeis-
terschaft in Japan und Südkorea gereist, die keine
Ärmel hatten. Modisch innovativ und optisch an-
sprechend, für die konservative Gilde der Anzug-
träger in den offiziellen Gremien jedoch ein kaum
zu überbietendes Grauen.

! „Keine Ärmel, kein Hemd. Kein Hemd, kein Spiel",
sagte FIFA-Sprecher Keith Cooper damals. Weil
Leibchen-Fabrikant Puma nicht in der Lage war, auf
diese unvorhergesehene Regelgrätsche in der ge-
botenen Kürze der Zeit zu reagieren, musste der
Zeugwart der Kameruner sich mit Nadel und Faden
bewaffnen und noch vor dem ersten Gruppenspiel
gegen Irland Ärmelansätze an die Muskelshirts
nähen.

Als Kamerun zwei Jahre später dann beim Afrika-
Cup mit einem knallengen Einteiler antrat, war es
mit dem Spaß endgültig vorbei: Die FIFA belegte die
modebewussten Schwarzafrikaner mit einer Strafe
von sechs Minuspunkten für die folgende WM-Qua-
lifikation und 200 000 Franken Bußgeld. Es folgte ein
fast zweijähriger Rechtsstreit, in dessen Verlauf der

Weltverband den Punktabzug zurücknahm, während der Ausrüster aus Herzogenaurach seinerseits auf Schadenersatz klagte. Am Ende war Puma auf dem besten Wege, Recht zu bekommen, doch man einigte sich außergerichtlich darauf, dass die FIFA Fußball-Hilfsprojekte in Kamerun in nicht genannter finanzieller Höhe unterstützen sollte.

**!** Die FIFA lernte aus ihrer beinahe fatalen Nachlässigkeit und formulierte die entsprechenden Paragrafen im Regelwerk um. Nun ist explizit von Trikot und Hose als „einzelnen Gegenständen" die Rede. Außerdem weist man darauf hin, dass ein Trikot ein T-Shirt „mit Ärmeln" ist.

## Die Schmuck-Regel

Es gibt praktisch nichts, was durch die Gesetze des Fußballs nicht geregelt ist. So ist jede Form von Schmuck seit einigen Jahren auf dem Feld verboten. Und zwar komplett. Tricks wie jener von Cristiano Ronaldo, der sich seine Ohrringe früher einfach mit Heftpflaster überklebte, ziehen heute nicht mehr. Grund für das Verbot ist natürlich nicht, dass eitlen Gockeln wie dem portugiesischen Weltfußballer von 2008 der Fußballplatz als Laufsteg verwehrt wird. Vielmehr ist den Verantwortlichen die Verletzungsgefahr zu groß. Und in der Tat hat es Sinn, die Kicker nicht behängt wie die Weihnachtsbäume auf Torejagd zu schicken. 2004 etwa unterlief Paulo Diogo, einem Schweizer mit portugiesischen Wurzeln, ein fatales Missgeschick, als er nach einer Torvorlage für seinen Klub Servette Genf auf den Stadionzaun sprang, um mit den Fans zu feiern und beim Herabspringen mit dem Ehering hängen blieb. Er riss sich dabei zwei Glieder des Fingers ab – und erhielt ob seiner panikartigen Reaktion auf diesen

Schock auch noch die Gelbe Karte – wegen übertriebenen Jubelns.

! Ein halbes Jahr nach diesem grausigen Vorfall kam dann die „Schmuck-Regel", die besagt, dass das Tragen von Ringen, Ketten, Lederbändern, Gummibändern und Haarreifen fortan verboten sei. Es entspann sich sogleich eine heftige Kontroverse, auch in der Bundesliga. Lehrwart Eugen Striegel entgegnete allen Kritikern mit einer Trockenheit, wie sie nur einem Referee eigen sein kann: „Jeder kann seinen Ehering anbehalten, er darf dann eben nur nicht mitspielen." Oder er versucht, das edle Geschmeide vor dem Unparteiischen zu verstecken.

## Hurensohn

Wobei es umso bitterer werden kann, wenn der Fußball-Polizist den Schurken dann doch noch ertappt. So geschehen bei einem deutschen Pokalspiel im Herbst 2010, als Hoffenheims Vedad Ibisevic von Schiri Stieler zunächst höflich gebeten wurde, seinen Ring abzulegen. Der Bosnier bot an, das in der Pause mit Seifenunterstützung zu erledigen. Doch der Mann mit der Pfeife blieb hart, was beim stolzen Südländer zu einem Ausraster führte: Er betitelte den Unparteiischen als „Hurensohn" – und sah die Rote Karte.

## Platzverweis

! Der Respekt vor dem Ordnungshüter ist unabdingbar. Ihn als „Blinden" oder „Schieber" zu bezeichnen, fällt selbstverständlich unter die Rubrik „Schiedsrichterbeleidigung" und wird nach Regel 12 mit Platzverweis bestraft. Und die lautet: „Ein Spie-

ler erhält mit der Roten Karte einen Platzverweis bei beleidigenden Worten und Gesten."
Natürlich darf man den Referee auch nicht der Lächerlichkeit preisgeben, erst recht nicht, wenn er nicht einmal über das Mindestmaß an Humor verfügt. Legendär die Anekdote mit dem späteren Essener Bundesligaprofi Willi Lippens, der sich in einem Jugendspiel lautstark darüber beschwerte, permanent getreten zu werden. Der schwarze Mann reagierte ungehalten und herrschte den Protestler mit den Worten an: „Ich verwarne Ihnen." Lippens blieb ganz cool und sagte: „Ich danke Sie." Dafür gab's jedoch keinen Comedy-Preis, sondern einen Platzverweis!

## Pfeffer im Hintern

Schön auch eine Geschichte aus England, die sich im Herbst 2009 noch vor dem Spiel der unterklassigen Portsmouth Sunday League zwischen AFC GOP und Apsley House zutrug. Beim üblichen Stollencheck entwich dem Defensiv-Spezialisten Levi Foster vom AFC ein lauter Darmwind, der mitten im Gesicht des verblüfften Schiedsrichters Bunny Reid landete. Dieser fackelte nicht lange und zeigte Foster aufgrund der windigen Affäre die Gelbe Karte. Dabei kam der 30-jährige Foster noch gut weg. Da sich der Schiri in seiner Ehre gekränkt fühlte, wollte er zunächst sogar einen Platzverweis verhängen, erst Fosters Erklärung, er habe am Abend zuvor zu viel Curry gegessen, ersparte ihm die Rote Karte. Zum Glück für sein Team: AFC GOP gewann mit 5:0 und Foster, offensichtlich mit viel Pfeffer im Hintern, wurde zum „Man of the Match" gewählt.

## Wetten verboten

Eine Sperre gibt es auch für all jene Sportler, die im großen Stil betrügen, nicht nur mit Hilfe von Dopingmitteln, sondern auch zum Beispiel, um eine Wette zu gewinnen. Im DFB-Mustervertrag, jener Vorlage für alle Profiverträge im deutschen Fußball, ist seit der Hoyzer-Affäre ein neuer Passus eingearbeitet worden. Dort heißt es:

§ Der Spieler verpflichtet sich, es zu unterlassen, auf Gewinnerzielung gerichtete Sportwetten – selbst oder durch Dritte, insbesondere nahe Angehörige, für eigene oder fremde Rechnung – auf den Ausgang oder den Verlauf von Fußballspielen oder Fußballwettbewerben, an denen Mannschaften des Vereins oder ggf. des Muttervereins oder der Tochtergesellschaft mittelbar oder unmittelbar beteiligt sind –, abzuschließen oder dieses zu versuchen. Der Spieler darf auch Dritte dazu nicht anleiten oder dabei unterstützen, solche Wetten abzuschließen.

Für Trainer gibt es übrigens kein explizites Wettverbot. Weshalb Mario Basler, der ja nun schon seit längerer Zeit nicht mehr aktiv ist, unter besonderer Beobachtung steht. Der passionierte Zocker hatte in seiner Zeit als Coach des Regionalligisten Eintracht Trier gesagt, er würde jederzeit auf sein Team wetten. Das rief sofort DFB-Präsident und Hoyzer-Jäger Theo Zwanziger auf den Plan, er gab Basler den provokanten Tipp, dass dieser überprüfen solle, ob sein Wettverhalten den Statuten entspreche. Basler reagierte gereizt: „Wenn ich auf die Frage, ob ich auf mein eigenes Team wetten würde, mit Ja antworte, dann ist da doch gar nichts verwerflich dran. Anders wäre es, wenn ich gegen mein Team wetten würde." Und ergänzte in typischer Basler-Manier:

„Ich konnte schon als Spieler nicht verlieren. Wenn mich jetzt jemand ansprechen würde, ein Spiel absichtlich zu verlieren, würde ich ihm auf die Fresse hauen."

## Falsches Kreuzchen

Es ist schon gut, dass Kicker hierzulande nicht wetten dürfen. So bleibt ihnen wenigstens das tragische Schicksal des spanischen Erstligisten Real Valladolid aus dem Herbst 2001 erspart: Damals rettete der mexikanische Fußballheld Cuauhtémoc Blanco im Spiel beim haushohen Favoriten Real Madrid durch ein spätes Freistoßtor ein 2:2-Unentschieden, das aber nur kurzzeitig für Jubelstürme beim Underdog sorgte.

Der Grund: Valladolids Torwart, der Argentinier Albano Bizzari, hatte im Namen der Mannschaft einen Toto-Tippschein abgegeben und 14 der 15 Spiele richtig getippt. Nur beim Spiel seiner eigenen Mannschaft hatte der Keeper falsch gelegen – er tippte auf eine Niederlage gegen den Rekordmeister. Und dieses Kreuzchen kostete die Fußballer rund 4,5 Millionen Euro. Jeder Spieler hätte fast 200 000 Euro eingestrichen, so jedoch gab es nur 1150 Euro pro Nase. Untröstlich war Mexikos WM-Star Blanco über seinen späten Treffer im Bernabeu-Stadion: „Jetzt habe ich gemerkt, was mein Tor wirklich wert ist."

## Gotteslästerung?
## Keine Gotteslästerung!

Bisweilen sind es nicht die FIFA, die UEFA und der DFB, die den Spielern das Fußballern vergällen, sondern eine höhere Macht, die sich einmischt. Nämlich Allah höchstpersönlich. Nicht unbedingt hierzulande, da sind sogar Geistliche und Nonnen große Fans, die es jedoch zumeist ablehnen, für ihren Lieblingsverein zu beten. Dazu gibt es – der ein oder andere mag es kaum glauben – dann doch wichtigere Dinge auf der Welt. In der Bibel ist aber zumindest nichts von einem Verbot nach dem Motto zu lesen: „Du sollst nicht eine mit Luft vollgepumpte Plastikkugel ehren." oder „Du darfst nicht um die Wette dribbeln mit deinem Nächsten."

## Das Fußballspiel ist immer
## mit Frevel verbunden

In anderen Kulturkreisen sieht das schon anders aus. Denn obwohl man auch in islamischen Ländern mit Hingabe kickt, gibt es dort von Seiten der religiösen Führer massive Vorbehalte gegen die Balltreterei.

! Der offizielle Rechtsgutachter Saudi-Arabiens, Scheich Muhammad bin Ibrahim, etwa wird in dem Buch „Die sunnitischen Juwelen" ziemlich eindeutig zitiert: „Das Fußballspiel ist immer mit Frevel verbunden, infolgedessen muss es verboten werden. Außerdem führt es zu Parteilichkeiten und Gefahren für den Körper." Ein paar Seiten weiter hinten äußert sich Scheich Hamoud at-Tuajri in ähnlicher Richtung: „Das Fußballspielen wird lediglich von den Geistlosen unserer Zeit ausgeübt. Es ist die Nachahmung der Feinde Allahs. Es fällt unter das Unerwünschte, das verboten werden muss, weil es eine Nachahmung der Ausländer ist. Es lenkt von Allahs Anbetung ab, es fügt den Spielern Verletzungen zu. Das Fußballspielen lockt zu Unverschämtheit und Perversion, die Spieler lassen ihre Oberschenkel unbedeckt, sie schauen sich die Oberschenkel der anderen an, deshalb gilt es als verbotene Unterhaltung."

## Revanche statt Rote Karte

Auch die arabische Zeitung „Al-Watan" hat sich mit der Frage, ob der Fußballsport gläubigen Muslimen erlaubt ist, ziemlich detailliert beschäftigt und ist zu einem ebenso klaren Urteil gekommen. Die deftigsten Aussagen:

! „Ihr dürft Fußball spielen, wenn ihr die Sprüche der Gottlosen und Polytheisten nicht benutzt, zum Beispiel Out, Ecke, Foul, und ähnliche. Wer diese Ausdrücke verwendet, wird gezüchtigt und aus dem Spiel entfernt ... Wenn einem Spieler eine Hand oder ein Bein während des Spielens gebrochen wird, darf das Spiel nicht vorübergehend gestoppt werden. Demjenigen, der diese Verletzung verursacht hat, darf nicht die Gelbe oder Rote Karte gezeigt werden. Der Verletzte muss sein Recht [gegen den Verursacher der Verletzung] gemäß des islamischen Gesetzes [arab. Schari'a] einfordern, das heißt Koran und Sunna anführen."

Damit meint der Text nichts anderes, als dass der Gefoulte unbedingt sofort Revanche nehmen muss. Wenn ihm also einer eine Blutgrätsche versetzt, dann ist er als gläubiger Moslem dazu verpflichtet, die eigenen Schmerzen zu ignorieren und den Kontrahenten sofort genauso brutal aus den Socken zu hauen.

§ Nach islamischem Gesetz muss eine Verletzung entweder mit derselben Art von Verletzung gesühnt oder vor Ort mit Geld entschädigt werden. Man stelle sich vor, wie ein muslimischer Kicker im Strafraum zu Boden geht, auf einen Elfmeter verzichtet und stattdessen die Hand aufhält.

## Das Unentschieden ist der Wille Gottes

§ Zurück zu den Ausführungen der Fatwa: „Euer Motiv beim Fußballspiel muss sein, euren Körper durch das Fußballspiel zu stärken, so dass ihr besser im Kampf für Allah teilnehmen könnt. Bloße Freude und Unterhaltung sind nicht erlaubt. [...] Falls das Spiel unentschieden endet, verlängert das Spiel nicht und gebt keine Strafpunkte. Dies ist Nachahmung des Gottlosen und Einhaltung des internationalen Gesetzes. Geht in diesem Fall direkt nach Hause!"

## Überflüssige Schiedsrichter

Womit die Moslems exakt gegenteilig zu Sepp Blatters Anregung argumentieren, das Unentschieden abzuschaffen. Und auch von den neuesten FIFA-Maßnahmen, zusätzliche Schiedsrichter zu platzieren, hält man im Islam nichts, ganz im Gegenteil:

! „Ihr dürft keinen Schiedsrichter haben. Nach der Abschaffung von Foul, Ecke und so weiter braucht man keinen Schiedsrichter mehr. Einen Schiedsrichter zu haben ist Nachahmung der Juden, Christen und Gottlosen. Außerdem ist es Befolgung des internationalen Gesetzes."

# Fanausschreitungen erwünscht!

Auch noch äußerst bemerkenswert ist die Tatsache, dass die fundamentalistischen Moslems offenbar den so genannten Geisterspielen zugeneigt sind. Dazu heißt es in der Fatwa der Zeitung Al-Watan:

! „Während des Fußballspielens dürft ihr keine Zuschauer haben. Sagt zu denjenigen, die euch beim Spielen zuschauen wollen: Geht für Allah kämpfen! […] Wenn das Spiel vorbei ist, sprecht nie davon, wer von euch verloren und wer gewonnen hat oder wer von euch im Spielen besser als der andere war."

Also gut, wir sind folgsam ... und wechseln das Thema.

# Gurkengesetze von Brüsseler Darwinisten – alles Banane

## Kurze Rede, gute Rede

Wir müssen an dieser Stelle einmal an einen Mann erinnern, der in jüngster Zeit nicht mehr allzu viel von sich reden macht, oder nur, wenn er von seinem Posten als Entbürokratisierer in Brüssel vor einen Untersuchungsausschuss in Bayern zitiert wird. Der Mann heißt Edmund Stoiber, war einst bayerischer Ministerpräsident und in dieser Funktion ausgemachter Befürworter einer Transrapidverbindung vom Münchner Hauptbahnhof zum Münchner Flughafen im Erdinger Moos, Entfernung etwa 37 Kilometer. Mit der S-Bahn braucht man heute für die genannte Strecke fahrplanmäßig 40 respektive 43 Minuten.

Was nun Ex-Landeschef Edmund Stoiber angeht: Er war – und ist – ein ausgemacht guter Redner: „Wenn Sie vom Hauptbahnhof in München ... mit zehn Minuten, ohne, dass Sie am Flughafen noch einchecken müssen, dann starten Sie im Grunde genommen am Flughafen ... am ... am Hauptbahnhof in München starten Sie Ihren Flug. Zehn Minuten. Schauen Sie sich mal die großen Flughäfen an, wenn Sie in Heathrow in London oder sonst wo, meine sehr ... äh, Charles de Gaulle in Frankreich oder in ... in ... in Rom. Wenn Sie sich mal die Entfernungen anschauen, wenn Sie Frankfurt sich ansehen, dann werden Sie feststellen, dass zehn Minuten Sie jederzeit locker in Frankfurt brauchen, um ihr Gate zu finden. Wenn Sie vom Flug ... vom ... vom Hauptbahnhof starten – Sie steigen in den Hauptbahnhof ein, Sie fahren mit dem Transrapid in zehn Minuten an den Flughafen in ... an den Flughafen Franz Josef Strauß. Dann starten Sie praktisch hier am Hauptbahnhof in München. Das bedeutet natürlich, dass der Hauptbahnhof im Grunde genommen näher an Bayern ... an die bayerischen Städte heranwächst, weil das ja klar ist, weil auf dem Hauptbahnhof viele Linien aus Bayern zusammenlaufen." *Kommentar überflüssig.*

Allerdings hat der Genuss dieser Zeilen mit etwas Abstand dann doch einen leicht säuerlichen Nachgeschmack. Denn in Anbetracht der eher umständlichen Art, einfache Sachverhalte auszudrücken, wirkt die Tatsache, dass ausgerechnet ihr Urheber, Edmund Stoiber, nunmehr EU-Beauftragter für den Abbau von Bürokratie ist, schon ein wenig grotesk. Ausgerechnet einer, der in seinen Formulierungen gern mal von hinten durch die Brust ins Auge will, ist also dafür verantwortlich, die rund 80 000 Seiten, die das Paragrafenwerk der Europäischen Union mittlerweile umfasst, von Sprachballast, von leeren Worthülsen und überflüssigen Regeln zu befreien.

Von der Notwendigkeit, die Mitgliedsländer vom Klebstoff bürokratischer Spinnweben zu erlösen, sind alle überzeugt. Aber, mal unter uns: Ist dieser Mann die Idealbesetzung für diesen Job? Jemand, der – wohlmeinend gerechnet – sieben Sätze braucht, um einen nicht wirklich komplizierten Sachverhalt auszudrücken. Und das in einer sprachlichen Qualität, die keinen Vergleich mit den ersten Gehversuchen eines Absolventen des VHS-Kurses Deutsch für Ausländer zu scheuen braucht. Was wollte uns Stoiber mit seinem wenig geglückten Referat über „zehn Minuten … Hauptbahnhof und Charles de Gaulle" eigentlich mitteilen? Vielleicht Folgendes: „Mit dem Transrapid brauchen Sie für die Strecke Hauptbahnhof-Flughafen zehn Minuten. So viel Zeit benötigen Sie in anderen europäischen Flughäfen allein, um ihr Gate zu finden." *Geht doch!*

Wenn es nur das Reden wäre! – Einer der ersten Vorschläge Edmund Stoibers auf dem Weg zum Bürokratieabbau ist der, eine neue Behörde zu schaffen, die neue Gesetzesvorschläge auf unnötige Bürokratie hin kontrolliert. Nun, wir wollen hier nicht der Frage nachgehen, wie viele Paragrafen beschlossen werden müssen, um eine solche Behörde zu installieren.

Schauen wir uns doch lieber mal an, womit es der Stoiber Edmund und seine Mannen so zu tun haben auf ihrem Weg zur Entrümpelung.

## Gurkentruppe

! Mal gleich eins vorweg: Die Gurkenkrümmungsnorm ist längst tot. Das wohl berühmteste Zeugnis europäischer Regelungsbeflissenheit wurde 2009 abgeschafft. Schade eigentlich. Die Verordnung Nr. 1677/88/EWG zur Festsetzung von Qualitätsnormen für Gurken war schließlich ein perfektes Beispiel für die Überbürokratisierung der EU-Normen und erinnerte manchmal ein bisschen an ein Gespräch unter paarungswilligen Machos, die sich derart frauenfeindlich über mehr oder weniger perfekte Schönheitsideale unterhalten, dass jedes weibliche Wesen auf die Barrikaden gehen würde.

§ Gurken (der Klasse Extra) müssen von höchster Qualität sein und müssen alle sortentypischen Merkmale aufweisen.
Sie müssen gut entwickelt sein, gut geformt und praktisch gerade ... eine für die Sorte typische Färbung haben, frei von Fehlern sein, einschließlich aller Formfehler ...
Gurken der Klasse 1 müssen auch gut entwickelt, aber nur noch ziemlich gut geformt und praktisch gerade sein, diverse Fehlerchen sind erlaubt ...
*Interessant wird es dann hier:*

§ Krumme Gurken dürfen nämlich eine größere Krümmung aufweisen.
*In der Welt der Chauvinisten würde das etwa so klingen: Hässliche Mädchen, mit denen man sowieso nichts anfangen will, dürfen hässlich sein.*

Leider würde der Abdruck des gesamten Wortlauts der Verordnung an dieser Stelle zu weit führen. Insgesamt fünf Seiten nämlich benötigten ihre Verfasser, um zu erklären, was nun genau eine Gurke ist und sein darf und dass eine solche auf zehn Zentimetern Länge eine maximale Krümmung von zehn Millimetern haben durfte. Und was ist laut EU ein grünes, längliches Gemüse aus der Familie der Kürbisgewächse, das eine Elf-Millimeter-Biegung aufweist? Sagen wir es so: Nichts Halbes und nichts Ganzes, ein Zwitter aus Gurke und Nicht-Gurke – sozusagen eine gurkenähnliche Missgeburt.

Nun muss man den Erfindern des legendären Gurkentraktats zugutehalten, dass sie das umfassende Regelwerk nicht aus Spaß an der Freud niedergeschrieben haben, sondern vielmehr aus Rücksicht auf die Gemüse-Industrie. Einheitlich geformte und beinahe gerade Gurken lassen sich natürlich viel, viel besser verpacken, stapeln und verschicken als die krummen Hunde, die man im Hofladen beim nächsten Bio-Bauern kaufen kann.

Ähnlich normiert sind im Übrigen heute noch immer Äpfel, Zitrusfrüchte, Salate, Erdbeeren, Paprika und Tomaten. Ein Apfel etwa muss mindestens sechs Zentimeter Durchmesser haben, um als solcher durchzugehen, und mindestens 90 Gramm wiegen – das gilt für den wunderbar giftgrünen Granny Smith genauso wie für den goldgelb schimmernden Golden Delicious. Und wehe, das knackig-saftige Früchtchen weist ein Wurmloch auf wie praktisch jedes zweite Exemplar im Garten hinter dem Haus – dann ist es ganz schnell vorbei mit der Existenz als EU-Apfel.

Auch bei den Erdbeeren herrscht gnadenloser Darwinismus: Eine Erdbeere muss von einer Seite bis zur anderen mindestens 18 Millimeter dick sein, klein gewachsenen Mickerlingen droht das sofortige Karriereende. Das gilt übrigens auch, wenn irgendein Gierschlund vom Beerchen die Hälfte abbeißt.

## Zufällige Regelmäßigkeiten

Zum Thema Obst haben wir noch einen Paragrafen gefunden, in dem die Eurokraten ihren unnachahmlichen Definitionswahn auf die Spitze getrieben haben. Es geht um die Obstanlagenerhebung:

§ Regelmäßige Haine sind Flächen, auf denen Bäume in einer bestimmten Weise angepflanzt werden, so dass kompakte Haine mit einer gleichmäßigen Zahl von Bäumen ...entstehen ...Regelmäßige Haine werden in GEMISCHTE und NICHT GEMISCHTE regelmäßige Haine unterteilt. Nicht gemischte regelmäßige Haine sind mit lediglich einer Obstbaumart bepflanzt, zum Beispiel nur mit Pfirsichbäumen, nur mit Apfelbäumen usw. Gemischte regelmäßige Haine sind regelmäßige Haine, die mit mehreren Baumarten bepflanzt sind – zum Beispiel mit Orangen- und Olivenbäumen, Birnen und Äpfelbäumen oder Pfirsich- und Kirschbäumen usw. – und auf denen die Bäume der einen Art zwischen denen der anderen Arten in einer geordneten und nicht völlig zufälligen Weise gepflanzt sind ...

Ob ein gemischter Hain als regelmäßig zu bezeichnen ist, hängt nicht davon ab, ob die Bäume im Hain alle zur selben Familie gehören. Entscheidend ist, dass die Bäume der verschiedenen Arten einen kompakten regelmäßigen Hain bilden.

## Alles Banane

Interessanterweise lässt sich der EU-Normenkatalog nicht darüber aus, wie krumm eine Banane sein muss, trotz der ebenfalls umfassenden Bananenverordnung. Geregelt sind nur ihre Länge und ihr Durchmesser. Stolze 14 Zentimeter soll sie mindestens aufs Maßband bringen, und ihr Durchmesser muss 2,7 Zentimeter umfassen. Insgesamt gesehen muss sie also von schlanker Gestalt sein.

§ In allen Güteklassen müssen die Bananen vorbehaltlich der besonderen Bestimmungen für jede Klasse und der zulässigen Toleranzen wie folgt beschaffen sein:
- grün, nicht gereift, ganz; fest;
- gesund; ausgeschlossen sind Erzeugnisse mit Fäulnisbefall oder anderen Mängeln, die sie zum Verzehr ungeeignet machen;
- sauber, praktisch frei von sichtbaren Fremdstoffen;
- praktisch frei von Schädlingen;
- praktisch frei von Schäden durch Schädlinge;
- mit unversehrtem, ungeknicktem, nicht ausgetrocknetem Stiel, frei von Pilzbefall;
- ohne Blütenstempel;
- frei von Missbildungen und anormaler Krümmung der Finger;
- praktisch frei von Druckstellen;
- praktisch frei von Kälteschäden;
- frei von anormaler äußerer Feuchtigkeit;
- frei von fremdem Geruch und/oder Geschmack.

Ferner müssen die Hände beziehungsweise Cluster (Handteile) aufweisen:

- ein ausreichendes, gesundes Stück Krone normaler Färbung ohne Pilzbefall;
- eine glatte Schnittstelle an der Krone ohne Scharten, Abrissspuren oder Schaftteile.

Entwicklung und Reifezustand der Bananen müssen so sein, dass sie
- Transport und Hantierung aushalten,
- in zufriedenstellendem Zustand am Bestimmungsort ankommen und nach Reifung einen angemessenen Reifegrad erreichen.

Ach, hätte sich doch auch mal jemand über den Geschmack des Musa paradisiaca, des so genannten Affenmannas, ausgelassen. Der ist ebenso einheitlich fad wie die grüngelbe Farbe der typischen Supermarktbanane, ganz gleich, wie viel Gedöns um sie gemacht wird und ob es sich um Extra-Klasse-Bananen handelt, ob die Chiquita wie in der Güteklasse I „leichte Formfehler" hat oder gar leichte durch Reibung hervorgerufene Schalenfehler sowie sonstige oberflächliche Fehler.

Wir empfehlen: Einfach runter mit der Schale, das ist nicht nur für den Verzehr ratsam, sondern relativiert oftmals auch äußerliche optische Defizite. Und es lässt sich noch viel mehr sagen über ein solch prosaisches, wenn auch durchaus farblich ansprechendes Objekt wie die Banane.

§ Länge und Dicke der Referenzfrucht, anhand derer die Größensortierung erfolgt, werden gemessen
- am mittleren Finger der äußeren Reihe einer Hand;
- am ersten Finger der äußeren Reihe eines Clusters neben der Schnittstelle, mit der die Hand zerteilt wurde.

*Wir ersparen Ihnen den umfangreichen und literarisch wenig wertvollen Rest aufgrund der Erkenntnis, dass zehn Minuten, ohne dass Sie ein Gläschen Bananenschnaps dazu bekommen, dass zehn Minuten Banane –*

*schauen Sie sich mal die großen Bananenerzeugerländer an – wenn Sie also die Banane mit praktisch im Grunde genommen all ihren Clustern, also Sie jederzeit locker in zehn weiteren Minuten völlig Banane machen würde.*

## Geistige Genüsse

Wer Bananen nicht mag, also auch keinen Schnaps aus denselben, den interessieren vielleicht die folgenden Ausführungen zum Thema Getreide.

§ Verordnung (EG) Nr. 1784/2002 der Kommission (...) zur Festsetzung der im Zeitraum 2002/2003 für das in Form von Scotch Whisky ausgeführte Getreide anzuwendenden Koeffizienten.
*Wer oder was soll da ausgeführt werden? Körner in ihrer Rohfassung? Hochprozentiges? Oder doch nur der Koeffizient? Da scheint einer der Gesetzestexter zu tief in den Koeffizienten geschaut zu haben. Das wollen wir jetzt doch noch mal ganz genau wissen:*

§ Nach Artikel 4 Absatz 1 der Verordnung (EWG) Nr. 2825/93 gilt die Erstattung für Getreidemengen, welche unter Kontrolle gestellt, gebrannt und jährlich mit einem je beteiligten Mitgliedstaat unterschiedlichen Koeffizienten multipliziert werden. Dieser Koeffizient drückt, unter Berücksichtigung der Veränderungen, die bei diesen Mengen während der Jahre eingetreten sind, die den durchschnittlichen Reifezeiten des betreffenden alkoholischen Getränks entsprechen, das Verhältnis aus zwischen den ausgeführten und den vermarkteten Gesamtmengen des betreffenden alkoholischen Getränks. Nach den vom Vereinigten Königreich für die Zeit vom 1. Januar bis 31. Dezember 2001 eingereichten Angaben belief sich die durchschnittliche Reifezeit bei Scotch Whisky 2001 auf sieben Jahre. Es sind die

Koeffizienten für die Zeit vom 1. Oktober 2002 bis 20. September 2003 festzulegen.
*Wer sich beruflich mit solchen Spitzfindigkeiten beschäftigt, muss doch zum Trinker werden. In diesem Sinne: Prost!*

## Tomatensugo

Genug gebechert. Wenden wir uns der Tomate zu, in Österreich spricht man – was weitaus liebevoller klingt – vom Paradeiser. Dieser himmlische Name schützt sie aber auch nicht vor der ziemlich weltlichen Normierungswut der EU-Bürokraten. Nein, vielmehr ist sie ein Musterbeispiel an Normerfüllung. Per se frei von unappetitlich normabweichenden Krümmungen, ist sie praktisch die von Gott gegebene Idealbesetzung als Objekt eurokratischen Regulierungswahns. Keine fügt sich so gleichmäßig in die Supermarkt-konforme Pappschachtel wie sie, und das nicht nur, wenn sie aus Holland kommt. Die Sonne hat sie in ihrem alles andere als „paradeisischen" Tomatenleben noch nie gesehen und, selbst wenn wir damit allen holländischen, spanischen, französischen Tomatenproduzenten auf die Füße treten – genau so schmeckt sie auch. Wie eine rot angemalte Wasserbombe.

Tatsächlich aber sind gerade die Niederländer, deren Tomaten lange Zeit absolut verpönt waren, Vorreiter in Sachen biologischen Pflanzenschutzes. Sie sind auch konkurrenzlos, was die Entwicklung neuer Sorten angeht. Cocktail-, Strauch-, Kirsch-, Flaschen- oder Fleischtomate – alles Produkte der holländischen Kreativität. Und sie alle sehen wunderbar aus, wenn sie da so schön gestapelt im Regal liegen oder sich in perfekter Regelmäßigkeit und EU-genormt um kleine Zweige gruppieren, die auch ganz delikat riechen, wenn man die Nase in die Gemüsetüte steckt. Das böse Erwachen kommt beim Biss ins rote Nass: Fad wie ein Holzschuh, allenfalls ein Abklatsch einer Tomate – vom Paradies Lichtjahre entfernt.

Die eurokratische Regelungswut geht aber noch viel weiter. Selbst wenn die Tomate längst ihrer prallen Form beraubt, zerhackt, zerteilt, gepresst ist, vielleicht in ordentlichen Vierteln eine Pizza schmückt oder in Flockenform getrocknet in einem Karton verschwunden ist, schwebt das Fallbeil der europäischen Inquisition über dem armen, gemarterten Objekt, droht das unendliche Fegefeuer der mangelnden Wertigkeit.
Hier die tragischsten Formulierungen:

§ Geschälte Tomaten müssen frei sein von erzeugnisfremdem Geschmack und Geruch; ihre Farbe muss für die verwendete Sorte und für ordnungsgemäß verarbeitete geschälte Tomaten kennzeichnend sein.

§ Tomatenflocken müssen eine charakteristische rote Farbe und einen kräftigen Geschmack aufweisen.

§ Tomatensaft und Tomatensaftkonzentrat müssen eine charakteristische rote Farbe und einen kräftigen Geschmack aufweisen, der für ein sachgerecht verarbeitetes Erzeugnis kennzeichnend ist.
*Und schließlich die Mutter aller Verordnungen zur Verarbeitung der guten alten Tomate:*

§ Geschälte Tomaten müssen praktisch frei sein von Schalen. *Da hätten wir auch noch ein paar Verordnungen Marke Eigenbau im Köcher. Wie wäre es mit: Gebrauchte Autos dürfen nicht neu sein. Oder: Rucksäcke muss man auf dem Rücken tragen können.*

## Eine Pizza ist eine Pizza ist eine Pizza

Auch mit unser aller Lieblingsgericht nimmt man es in Europa ganz genau. Jenes traditionelle Arme-Leute-Essen aus Mehl, Wasser, Salz und einem bisschen Olivenöl, entstanden in den Küchen Neapels und – einer Legende nach – bis in den Speisesaal König Umbertos I. und seiner Frau Margherita im Jahr 1889 vorgedrungen, hat man in Brüssel jeglicher italienischer Gaumenfreude zu berauben versucht. Also kein „bravo oder magnifico" für den Pizzabäcker, der mit Schürze und Kochmütze zwischen Töpfen und gehacktem Knoblauch den Teigfladen durch die Luft sausen lässt.

Stattdessen ein betretenes Beifallklopfen für ein paar Salonlöwen, die in einem klinisch reinen Brüsseler Bürokasten Paragrafen reiten, in einer Stadt, die vielleicht für ihre Waffeln bekannt ist, ihre zart schmelzenden Pralinen, ihr süffiges Bier und ihre fettigen Pommes frites, aber nicht für ihre Hinwendung zu italienischer Genussfreude.
Also haben die Eurokraten in ihrer Pedanterie aufs Allergenaueste festgelegt, was man denn da isst, wenn man sie isst, die Margherita oder Marinara genannten Originale. Wenn sie also eine echte Europea sein möchte, hat sie sich den europäischen Vorgaben zu fügen:

§ Eine Pizza muss beim Anfassen und im Biss weich sein.
In einer neuen Verordnung von 2008 heißt es, sie müsse:

§ einen charakteristischen Duft verströmen, und was ihren Belag angeht, so soll

§ das Rot der perfekt mit dem Öl vermischten
Tomate und, je nach verwendeten Zutaten, das
Grün des Oregano und das Weiß des Knoblauchs
ins Auge fallen.
*Damit soll sie farblich auf ihre Herkunft verweisen. Es
wird im Regelwerk sogar darauf hingewiesen, dass*

§ die Pizza Napoletana direkt nach der Entnahme aus
dem Ofen gegessen werden soll.
*Wenigstens erspart man uns weitere Empfehlungen,
zum Beispiel wie unser Tagesablauf zu gestalten ist.*

## Süßes zum Ersten:
## Vom Eindicken und Ausscheiden

In der Welt des Genusses lassen sich aber durchaus
noch ein paar Schmankerl finden: die Honig-Richtlinie – Vorsicht! Der erste Absatz ist nichts für Honigliebhaber. Deshalb fassen wir ihn auch nur kurz
zusammen. Hier geht es um Absonderungen von
Pflanzenteilen und Ausscheidungen von Insekten.
Die Bienen sammeln die ganzen Exkremente dann
zusammen, vermischen sie mit eigenen Substanzen –
die wir uns nicht genauer vorstellen wollen, lagern
sie ab, dicken sie ein und lassen sie dann reifen.
Weniger unappetitlich und höchst erhellend geht
es dann weiter:

§ Blütenhonig oder Nektarhonig ist Honig, der aus
Nektar oder Pflanzen stammt.
*Hätten wir die EU-Gesetzgebung nicht, wir würden
wahrlich zu einem Leben im Tal der Ahnungslosen verdammt sein.*

So weit, so gut, aber was den Honig neben seiner
Süße, seiner Klebrigkeit und den ihm nachgesagten
positiven Auswirkungen auf die Gesundheit aus-

macht, ist seine elektrische Leitfähigkeit. Die EU hat festgelegt, dass der elektrische Widerstand beim normalen Honig bei 0,8 Mikrosiemens pro Zentimeter liegen soll.

Was das ist? Sagen Sie bloß, Sie haben im Physikunterricht nicht aufgepasst? Dann liefern wir die sehr simple und gut verständliche Erklärung nach, so wie es in der entsprechenden EU-Verordnung steht: Mikrosiemens benennt die Menge der gelösten Teilchen in ppm (parts per million/Teilchen pro Millionen).

Was das nun für Sie heißt? Nun, hätten Sie im Physikunterricht nicht immer nur den Lehrer geärgert ... Aber vermutlich wären Sie dann auch nicht schlauer, zumindest nicht, wenn sie vor dem Supermarktregal nach einer Entscheidungshilfe zwischen dem gelben, cremigen, dem goldschimmernden, flüssigen oder dem weißen, buttrigen Honig suchen.

Tatsächlich lassen sich durch die unterschiedliche Leitfähigkeit der Honigsorten Rückschlüsse auf ihre Herkunft und ihre Inhaltsstoffe ziehen. Ein unschätzbarer Vorteil, solange man Bienen nicht fragen kann, ob sie ihre Pollen im Lindenhain, auf der Blumenwiese oder im Kastanienwald gesammelt haben.

## Süßes zum Zweiten:
## Vom Dickwerden und Hinschmelzen

Und wenn wir schon bei den süßen Naschereien sind, können wir die Gelegenheit nicht ungenutzt verstreichen lassen, gegen eines der neuesten EU-Vorhaben zumindest verbal Sturm zu laufen. Ein Plan, der den uns nachfolgenden Generationen ein Vergnügen vergällen wird, das seinesgleichen nicht hat. Nie gehabt hat und nun, wenn's ganz schlimm kommt, selbst keines mehr sein wird: der Genuss jener zart schmelzenden Haselnusscreme, die schon Generationen von Kindern das Frühstücksbrot versüßt hat.

Wer schon einmal jenes Original in seinem cremigsten Aggregatzustand am sonnenbeschienenen Frühstückstisch von einem Löffel geleckt hat, der weiß, wovon wir reden. Da muss man nicht Nationalfußballer sein, nicht Özil heißen oder Neuer. Und nun will das Europäische Parlament hergehen und große Aufkleber auf dem appetitlichen Glas angebracht sehen, die in unappetitlich-profanen Lettern darauf hinweisen, dass der Brotaufstrich ungesund ist. Nur weil ein bisschen Fett und Zucker drin sind – nun, zugegeben, die Haselnusscreme besteht zu 60 Prozent aus Fett und Zucker. Aber was ist schon das bisschen Hüftspeck, mit dem wir die Morgengabe büßen, gegen die pure Hingabe …

## Des Mannes bestes Stück

Apropos Hingabe – eine Frage an die männliche Leserschaft: Haben Sie Ihren schon mal gemessen? Aber verglichen doch ganz sicher, oder nicht? Und? Sind Sie dabei auf mehr als 14 Zentimeter gekommen? Nicht? Na, da müssen Sie sich gar nichts dabei denken.

Woher die EU-Beamten die Überzeugung nehmen, der europäische Durchschnittspenis würde sich der 20-Zentimeter-Marke annähern, ist unklar. Entsprechend hat die EU die Normgröße für Kondome auf 17 Zentimeter festgelegt, 56 Millimeter sollen sie im Durchmesser sein und, warum auch immer, 5 Liter Flüssigkeit aufnehmen können, ohne zu platzen.

Nun liegt die Durchschnittsgröße des gewöhnlichen erigierten Penis im Raum Essen aber nur bei 14,48 Zentimetern, der Durchmesser bei 39,5 Millimetern. Das wurde unlängst bei einer Untersuchung festgestellt. Wie? Essen liegt im Ruhrpott und der Kohlenstaub in der Luft soll womöglich schuld daran sein, dass die Dinger nicht dem europäischen Normmaß entsprechen?
Gilt nicht. Kohlebergbau ist heute nicht mehr, hier grünt und blüht es so, dass die Gegend zur Kulturhauptstadt des Jahres 2010 ernannt wurde – übrigens auch eine europäische Idee. Daher kann man also davon ausgehen, dass die erfragten Ergebnisse repräsentativ sind für den halbwegs gesunden Mann in Deutschland, Italien, Österreich, Dänemark und andernorts in Mitteleuropa. Nun soll der europäische Penis noch einmal ganz genau unter die Lupe genommen werden, nicht dass am Ende die bunten Tütchen zu groß sind, vor der Zeit herunterrutschen und Europa nachwuchsmäßig völlig aus dem Ruder läuft – was vermutlich eine weitere Flut von Verordnungen nach sich ziehen würde.

## Seehunde auf Sizilien

Was immer wieder zu Kuriositäten in der Gesetzgebung führt, ist die Tatsache, dass eine gesetzliche Regelung nicht nur für den Einzelfall passen, sondern allgemeine, umfassende Gültigkeit haben soll. Man geht bei diesen Normen also davon aus, als ob EU-Land eine kulturelle und sogar klimatische Einheit wäre. Als ob Tomaten in Finnland wachsen würden oder sich Seehunde auf Sizilien angesiedelt hätten.

! So und nur so ist zu erklären, dass laut der EU-Richtlinie 2000/9/EG aus dem Jahre 2004 alle europäischen Städte ein Seilbahngesetz erlassen müssen,

auch wenn der höchste Berg nur ein Schlittenhügel ist oder eine Müllkippe. Man kann sich durchaus vorstellen, dass die Niederländer Tränen gelacht haben, als sie die Richtlinie in nationales Recht umsetzen mussten.
Wer sich aber sträubt, hat schlechte Karten in der EU. Die Kommission verhängt harsche Strafen. Bis zu 800 000 Euro muss bezahlen, wer sich nicht beugt, auch der Verweis auf fehlende Berge im innerstädtischen Bereich nutzt da gar nichts. Schließlich hat Köln auch keine Berge – aber eine Seilbahn.
Nun, die Berliner haben sich gefügt, immerhin ist man ja ohnehin notorisch klamm in der Hauptstadt und wollte daher wohl keine Strafzahlung riskieren. Also hat man sich von den Bayern die entsprechende Gesetzgebung einfach ausgeliehen. Auch wenn man an der höchsten Stelle des Prenzlauer Bergs gerade mal 91 Meter über dem Meeresspiegel steht.

## Im Schacht

Ähnlich wie Seilbahnen hängen auch Aufzüge an Stahlstricken und, ganz im Unterschied zu Erstgenannten, man kann Aufzüge überall bauen, auch unterhalb des Meeresspiegels, wenn es sein muss. Dann ist es aber auch schon vorbei mit den Selbstverständlichkeiten. So ein Aufzug ist eine sehr, sehr komplizierte Sache.

§ Aufzugsrichtlinie
Im Sinne dieser Richtlinie gilt als Aufzug ein Hebezug, das zwischen festgelegten Ebenen mittels eines Fahrkorbs verkehrt, der zur Personenbeförderung, sofern der Fahrkorb betretbar ist (das heißt, wenn eine Person ohne Schwierigkeit in den Fahrkorb einsteigen kann) und über Steuereinrichtungen verfügt,

die im Innern des Fahrkorbs oder in Reichweite einer dort befindlichen Person angeordnet sind, nur zur Güterbeförderung bestimmt ist und an starren Führungen entlang fortbewegt wird, die gegenüber der Horizontalen um mehr als 15 Grad geneigt sind. Aufzüge, die nicht an starren Führungen entlang, aber nach einem räumlich vollständig festgelegten Fahrverlauf fortbewegt werden, fallen ebenfalls in den Anwendungsbereich dieser Richtlinie.

Diese Richtlinie gilt nicht für seilgeführte Einrichtungen, einschließlich Seilbahnen, für die öffentliche und nichtöffentliche Personenbeförderung, Bühnenaufzüge, in Beförderungsmitteln eingebaute Aufzüge, mit einer Maschine verbundene Aufzüge, die ausschließlich für den Zugang zum Arbeitsplatz bestimmt sind, Zahnradbahnen, Baustellenaufzüge zur Personenbeförderung oder zur Personen- und Güterbeförderung ...
*... und so weiter, und so weiter, und so weiter ...*
*Da nimmt man doch lieber die Treppe.*

## Allein im Euro-Regel-Land

Vermutlich hätte die Hauptdarstellerin der folgenden Szene auch eine offene Plattform an vier Seilen akzeptiert, wenn sie damit nur ein paar Meter nach oben gekommen wäre.
Eine große U-Bahn-Station: Eine junge Mutter, eine Hand am Kinderwagen mit Säugling, an der anderen Hand einen Zweijährigen, des Laufens mächtig, aber auf kurzen Beinchen unterwegs. Alle drei verharren am Fuß einer langen Rolltreppe. Oben wartet der Anschlusszug. Vielleicht ist die Rolltreppe auch nur der kürzeste Weg nach Hause. Jedenfalls will die Mutter im dicken Wintermantel nach oben. Gerade setzt sie den Fuß auf die Rolltreppe, noch einen

Augenblick verschnaufen beim gemächlichen Rollen nach oben, als sie verblüfft innehält – das rot umrandete Schild mit durchgestrichenem Kinderwagen-Symbol ist eindeutig.
Sie zerrt also Kind und Kinderwagen gegen den Strom der nachdrückenden Passanten weg von der Rolltreppe. Ihr suchender Blick findet schließlich einen Hinweis auf den Aufzug, den sie noch nie benutzt hat, weil sie dafür quer durch den Bahnhof laufen muss. An der Aufzugtür hängt ein unscheinbarer weißer Zettel, den man erst sieht, wenn man direkt davorsteht: Außer Betrieb.

Inzwischen quengelt der Zweijährige. Für den Säugling naht die Fläschchen-Zeit. Die Mutter schwitzt. In der Ferne sieht sie die Treppe. Als sie, den Zweijährigen hinter sich herzerrend, den Treppenabsatz erreicht, ist sie völlig allein im U-Bahn-Geschoss. Der Säugling ist aufgewacht, heult, die Treppe hat mindestens 54 Stufen, der Zweijährige heult ebenfalls.

! Mit der neuen Sicherheitsnorm EN 115 hat die EU jungen Eltern mit kleinen Kindern doch einen richtig großen Gefallen getan. Seit 1. Januar 2010 verbietet sie, Kinderwagen auf Rolltreppen zu befördern. Für die Kinder zu gefährlich, so die Begründung. Denn es habe immer wieder schwere Unfälle auf Rolltreppen gegeben – sogar einen tödlichen, ist aus der zuständigen Arbeitsgruppe der EU zu vernehmen. Das Verbot diene dem Schutz der Kinder – und ihrer Eltern, denen man in Brüssel natürlich keinerlei eigenes Verantwortungsgefühl zugesteht. Wie gefährlich es aber ist, einen Kinderwagen ohne Hilfe eine steile und lange Treppe hinauf oder auch hinunter zu befördern, weiß jeder, der es schon einmal selbst probiert hat. Und was Bahnhofsaufzüge angeht, so empfiehlt es sich im Allgemeinen, sie

möglichst großräumig zu meiden. Ein Trost aber
bleibt allen Müttern und Vätern mit Kinderwägen,
Buggys, Joggern, mit und ohne Babyschale: Bei
EN 115 handelt es sich um eine Norm, nicht um
ein Gesetz. Und das bedeutet: Zuwiderhandlungen
werden nicht verfolgt.

## Von langen Unterhosen und ästhetischen Einblicken

Nein, Arjen Robben, holländischer Stürmerstar
beim FC Bayern, ist nicht einer EU-Richtlinie gefolgt,
als er im Winter 2009/2010 seine langen, grauen
Unterhosen auspackte und unter die Shorts zog. Es
war ihm wohl schlichtweg zu kalt in der Münchner
Arena.

Die Brüsseler Gurkentruppe hat sich allerdings
auch schon einmal mit der Arbeitskleidung der
Euro-Bürger befasst und sie mit der so genannten
„Sonnenscheinrichtlinie" vor der Strahlung des
Sterns schützen wollen. Nach dem Einschreiten
des EU-Parlaments und massiver Panik bayerischer
Dirndl-Liebhaber wurde das Gesetz allerdings ent-
schärft. Nun bleibt es den europäischen Staaten
selbst überlassen, welche Maßnahmen sie zum
Schutz ihrer Angestellten ergreifen. Man könnte
sich vorstellen, dass die in Finnland anders aussehen
als am Südzipfel Italiens, im einen Fall brennt die
Sonne tatsächlich erbarmungslos vom Himmel, im
anderen sieht man sie dafür regelmäßig ein halbes
Jahr lang gar nicht.

Nun bleiben uns aber, Brüssel zum Trotz, die Dekol-
letés auf dem Oktoberfest und in den bayerischen
Biergärten erhalten, das Dumme ist nur: Gegen die
grauen Unterhosen von Arjen Robben gibt es keine

EU-Richtlinie. Leider. So etwas wie einen Ästhetikparagrafen könnten wir uns gut vorstellen!

## Auf der falschen Straßenseite

Zum 1. Januar 2010 hat die Europäische Union Einheitlichkeit geschaffen, was das Maß-System ihrer Mitgliedstaaten angeht – zumindest, soweit es das Festland betrifft. Die Briten, die ja gern mal europäische Extrawürste braten, dürfen weiterhin in der Kneipe ein Pint Ale oder Lager bestellen. Ihr Gold wird nach wie vor in der Fein-Unze abgewogen und die Strecke von London nach Liverpool wird auch künftig nicht in Kilometern, sondern in Miles (Meilen) gemessen. Gleiches gilt übrigens auch für die Republik Irland. Dabei gibt es zwischen den einander in herzhafter Feindschaft verbundenen Inselnachbarn einen entscheidenden Unterschied: Das Vereinigte Königreich bezahlt mit dem altehrwürdigen Pfund, die Iren mit einem Rettungsschirm. Aber sonst sind sie einander in ihrer ganzen Exotik so ähnlich, dass man sie mit ihren merkwürdigen Maßeinheiten als liebenswürdiges Biotop akzeptieren muss.

Und man sollte das Auto in London und in Dublin auf die richtige Straßenseite lenken, schließlich würde uns hier eine Protestaktion im besten Fall in den Graben führen. Und dann: Eine Meile bleibt immer eine Meile, egal, ob man sie auf der linken oder rechten Straßenseite fährt.

Aber stellen Sie sich einmal vor, Sie würden wie Europabeamte in diesem einheitlichen Maß-System, dem SI-System reden! Wobei dieses im Wesentlichen nur das festlegt, was bereits üblich ist.

Wer es ganz genau wissen möchte, bitte schön –
auch hier holen die EU-Beamten ein bisschen Physikunterricht nach.

## Wir reden im SI-System

### Basiseinheit der Länge

§ Das Meter ist die Länge der Strecke, die Licht im Vakuum während der Dauer 1/299 792 458 Sekunden zurücklegt.
*Noch Fragen?*

### Basiseinheit der Masse

§ § Das Kilogramm ist die Einheit der Masse; es ist gleich der Masse des Internationalen Kilogrammprototyps.
*Wo findet man diesen Typ? Vielleicht ist er ja größer als das, was wir bisher unter einem Kilo verstehen. Dann würden die Zahlen auf unserer Waage kleiner werden – Hurra!*

### Basiseinheit der Zeit

§ § Die Sekunde ist Cl, das 9.192.631.770-fache der Periodendauer der dem Übergang zwischen den beiden Hyperfeinstrukturniveaus des Grundzustands von Atomen des Nuklids 133Cs entsprechenden Strahlung.
*Jetzt wird's aber wild ...*

### Basiseinheit der elektrischen Stromstärke

§ § Das Ampère ist die Stärke eines zeitlich unveränderlichen elektrischen Stromes, der, durch zwei im Vakuum parallel im Abstand 1 Meter voneinander angeordnete, geradlinige, unendlich lange Leiter von vernachlässigbar kleinem, kreisförmigem Quer-

schnitt fließend, zwischen diesen Leitern je 1 Meter
Leiterlänge die Kraft 2 x 10 −7 Newton hervorrufen
würde.
*Und wehe, einer behauptet etwas anderes!*

# Üble News für
# meine dicke Tante

Auf eine uns lieb gewordene Maßeinheit sollen
~~wir~~ wir seit letztem Jahr verzichten. Die Kilokalo-
rie wurde abgeschafft, rein verbal-theoretisch,
versteht sich.
Kalorienzählen gehört nun der Vergangenheit an,
was nicht heißt, dass die Energieeinheiten im Fett
eines Schweinebratens auch ihre (Aus-)Wirkung
verloren hätten. Wer sich mit dem durchschnittlichen Kalorienbedarf von 1900 für Frauen und ca.
2500 für Männer endlich angefreundet hatte, muss
sich nun umstellen. Und zwar auf das Kilojoule.
Allerdings finden Sie trotz der offiziellen Umstellung
immer noch Ihre geliebten Kalorien mit angegeben.
Statt rund 500 Kilokalorien stopft sich der Schoko-
ladenliebhaber nun dicke 2303 Kilojoule in den
Mund, wenn er 100 g Vollmichschokolade futtert.
Und das kühle Blonde, ein halber Liter wohlgemerkt,
schlägt mit etwa 887 Kilojoule zu Buche. Wenn Sie
sich das alles nicht merken wollen, nehmen Sie einfach die Kalorie mal 4,1868 (beziehungsweise ent-
spricht 1 kJ 0,2388 kcal). Gut, dass jedes Handy
heute einen Taschenrechner hat. Und schon wissen Sie, ob Sie schlemmen dürfen oder nicht.

Doch die Bananen-Gang aus der EU-Bürokratie
hat nicht nur Freude an den Naturwissenschaften,
sondern insbesondere an höherer Mathematik.
Und da vermutlich dem Kulinariker schon ob der
schieren Größe der neuen Zahlen so manch appetit-

licher Happen im Halse stecken bleiben wird, haben die Brüsseler Volkserzieher ihr Ziel erreicht: Wir essen weniger, weil ein Kilojoule, ganz gleich, ob es als gemahlene Haselnuss daherkommt oder als flüssiger Hopfen, lange nicht so lecker ist wie die gute alte Kalorie.

## Erderwärmung

Und letzen Endes bleibt doch nichts so, wie es ist: Sang Rudi Carrell schon 1975 „Wann wird's mal wieder richtig Sommer?", so werden diese Zeilen für unsere Schulkinder heute eine ganz neue Dimension bekommen.
Denn Hitzefrei gibt's künftig erst bei 300,15 Grad. Bitter wird es auch für alles, was im kochenden Wasser landet, das fängt nämlich nicht mehr bei 100, sondern erst bei 373,15 Grad zu blubbern an. Aber keine Sorge, die EU-Beamten haben es nicht etwa geschafft, die Gesetze der Physik auszuhebeln, nein, sie haben uns nur eine neue Maßeinheit verpasst: Auf den neuen Fieberthermometern lesen wir nach dem Willen der Brüsseler Beamtenschaft nun 310 Grad Kelvin statt 37 Grad Celsius. Kann aber gut sein, dass bei diesem Anblick die Kurve ganz schnell mal auf den Wert 356 steigt – und jetzt rechnen Sie mal schön um!

## Abschied von der Pferdestärke

Ach ja, noch eine feste Größe dieser und der letzten Generation wird nun in den Staub des vergangenen Jahrhunderts getreten. Eine Maßeinheit, die das kurze Leben von Jochen Rindt und James Dean, jenen verwegenen Helden unserer Jugend, entscheidend bestimmte: die Pferdestärke.

Die physikalische Leistung eines Autos wird offiziell in Kilowatt gemessen und James Bonds Aston Martin brächte heute nicht mehr lockere 405 PS, sondern nur noch magere 297,88 Kilowattstunden auf die Straße – alles andere als ein Happy End.

## Abschied vom Pferd

Don Quijote hat seinen treuen Schimmel verloren. Eintauschen musste er seine Rosinante. Jetzt sitzt er auf einem Equiden, womit laut EU-Gesetzgebung alle Vierhufer gemeint sind, egal, ob sie Eselsohren oder Pferdeschwänze haben. Doch auch mit einem schneidigen Ross dürfte der Mann von La Mancha wohl gegen Brüsseler Windmühlenflügel kaum Chancen haben. In der „Richtlinie des Rats über den Handel mit Sportpferden und zur Festlegung der Bedingungen für die Teilnahme an pferdesportlichen Veranstaltungen" erfahren wir Näheres:

§ Equiden sind als lebende Tiere in der Liste der in Anhang II des Vertrages aufgeführten Erzeugnisse enthalten.

Nun, weil aber der Umgang der Europäer mit ihren Erzeugnissen ja einer genauen Normierung in allen Aspekten bedarf und weil schließlich der Begriff des Rosstäuschers irgendetwas mit dem zu tun haben muss, was früher einmal Pferd hieß, haben sich die grauen Herren in Brüssel noch ein bisschen mehr Arbeit gemacht, um allen potenziellen Betrügern einen Strich durch ihre Rechnung zu machen:

§ Bei den Vorschriften für Veranstaltungen sind Diskriminierungen zwischen den im Veranstaltermitgliedstaat eingetragenen und den in einem anderen Mitgliedstaat eingetragenen Equiden untersagt.

*Also wer diskriminiert jetzt da wen? Der kleine Graue mit den kurzen Füßen den dicken Braunen mit den viel zu großen Ohren?*

§ Bei den Vorschriften für Veranstaltungen sind Diskriminierungen zwischen den Equiden mit Ursprung in dem Veranstaltermitgliedstaat und den Equiden mit Ursprung in einem anderen Mitgliedstaat untersagt. *Offenbar traut die EU-Beamtenschaft weder den Zwei- noch den Vierbeinern.*

§ Entscheidung der Kommission vom 2. Februar 1993 über die tierseuchenrechtlichen Bedingungen und die Beurkundung für die Wiedereinfuhr von registrierten Renn-, Turnier- und für kulturelle Veranstaltungen bestimmten Pferden nach vorübergehender Ausfuhr.
*Also ... zuerst fährt einer den dicken Rappen raus, dann holt er diesen wieder rein. Können die denn nicht einfach klar formulieren, dass er – drüben auf der Insel – den Engländern den Pokal wegschnappen, vielleicht noch ein paar kleine dicke Rappen zeugen und dann mit dem Pokal hier wieder anrücken soll?*

§ Pferde unterschiedlicher Kategorien haben ihre Besonderheiten, und ihre Einfuhr wird für unterschiedliche Zwecke gestattet. Daher müssen spezifische tierseuchenrechtliche Anforderungen für die Wiedereinfuhr von registrierten Renn-, Turnier- und für kulturelle Veranstaltungen bestimmten Pferden nach vorübergehender Ausfuhr gelten.
*Aha – wenn er sich drüben bei der Nachproduktion kleiner dicker Rappen versehentlich die Pferde-Syphilis eingefangen hat, darf er nicht mehr wiederkommen.*

§ Aufgrund der gleichartigen tierseuchenrechtlichen Situationen auf Rennbahnen, Turnierplätzen und Orten kultureller Veranstaltungen und der Isolierung von Equiden eines geringen Gesundheitsstatus empfiehlt es sich, eine einzige Gesundheitsbescheinigung für die Wiedereinfuhr von registrierten Renn-, Turnier- und für kulturelle Veranstaltungen bestimmten Pferden nach vorübergehender Ausfuhr in Drittländer auszustellen.

§ Wie jetzt? Der kleine Graue und der dicke Braune sollen ein- und denselben Pass kriegen? Das sieht doch jeder auf den ersten Blick, dass das nicht hinhauen kann. Angesichts dieser hanebüchenen Verordnungen wissen wir jetzt jedenfalls, woher die Formulierung „Amtsschimmel" kommt.

## Political correctness

Die EU-Bürokraten meinen es gut mit uns 495 Millionen Untertanen, die gierig danach lechzen, weitere Lebenshilfen an die Hand zu bekommen, um in unserer ungeregelten Dummheit Halt und Maßgabe zu finden. So etwa in der Behebung der erbarmungswürdigen Unfähigkeit, das Leben sprachlich in einer Weise zu meistern, die uns nicht als Übriggebliebene längst vergangener Jahrhunderte entlarvt; etwa durch die unreflektierte Verwendung von Begriffen, die Weiblein und Männlein eine je eigene Identität zumessen.

Drüben in Brüssel ist man offenbar der Ansicht, dass alles, was Frau als Frau definiert, ebenso verfehlt sei, wie die Bezeichnung des „Dickmanns" als Negerkuss oder Mohrenkopf. Sogar über die Verwendung des Wortes „Mutter" soll in Brüssel diskutiert worden sein. Einige Bürokraten halten dieses Wort für diskriminierend.

Der Europarat also empfiehlt seinen Mitgliedstaaten die Verwendung neutraler Sprachformeln. Statt Vater und Mutter verwende man „Eltern", wenn's nur einer von beiden ist, nenne man ihn Elternteil oder, allen Ernstes, „Elter", so der Vorschlag. Und wenn der Einjährige sein Milchfläschchen weglegt und anfängt, das erste „Mama" herauszudrücken, stecken wir ihm seinen Schnuller in den Mund bis er anständig reden gelernt hat.

! Aber es geht noch weiter: Aus dem Lehrerzimmer, in dem wir Unbedarften selbstredend ausnahmslos männliche Lehrer vermuten, wird der Pausenraum – ob sich darin auch Schüler, Verzeihung, Schülerinnen und Schüler aufhalten dürfen, steht dann hoffentlich außen an der Tür.

! Aus der Fußgängerzone wird die Flanierzone – in der dann aber eilige EinkäuferInnen nichts mehr zu suchen haben, hier wird nämlich ausnahmslos spaziert und parliert, davon verstehen sie vermutlich was, die 40 000 Brüsseler Beamten.

! Der Führerschein wird zum Fahrausweis – wer ausprobieren möchte, ob der dann auch für die S-Bahn gilt, dürfte in der Diskussion mit dem Kontrolleur Schiffbruch erleiden.

! Aus der Mannschaft mache man das Team – es steht allerdings zu befürchten, dass Sprachpuristen dagegen Sturm laufen werden, die der Überfremdung der deutschen Sprache durch Anglizismen das Wort reden.

Vielleicht sollten wir es an dieser Stelle bewenden lassen und uns einen dicken Negerkuss zu Gemüte führen. Oder würde Ihnen der politisch korrekte Kuss mit Migrationshintergrund besser schmecken?

# Es leben die Cojones!

*Das Wort „Hoden" wollten wir dann doch nicht in die Überschrift setzen.* An dieser Stelle ist es wohl angesagt, der beschimpften und geschmähten Gurkentruppe im fernen Staate Belgien für einen Augenblick eine Auszeit zu gönnen. Wir haben einmal den Versuch unternommen, nach einer Regel zu suchen, die uns EU-Bürgern das Leben leichter, vielleicht sogar besser macht, als es vorher war, und sind tatsächlich fündig geworden. In der schönen Alpenrepublik. In Felix Austria nämlich trübte lange Zeit ein Schatten das vollkommene Glück. Hier durften keine Hoden gegessen werden. Sie haben richtig gelesen: Hoden. Wer das denn wolle, könnte man jetzt fragen, natürlich. Da können wir nur sagen: Ja, die Österreicher eben. Offenbar gibt es im Berg- und Tal-Staat Feinschmecker – oder solche die sich dafür halten –, für die so ein Bällchen der Gipfel des Genusses ist.

Das nunmehr aufgehobene Verzehrverbot begrüßen wir mit einem enthusiastischen „Hose runter!" Es berief sich zwar auf hygienische Gründe, war aber eher ein moralisches und stammte noch aus der Zeit der Monarchie. Es untersagte Metzgern, Körperteile von Tieren zu verkaufen, „die sich zu nahe an den Geschlechtsorganen" befanden.

Durchaus nachvollziehbar, auch wenn so mancher weder ein hygienisches noch ein moralisches Problem mit dem Hodengenuss haben dürfte. Eher ein ästhetisches. Oder anders ausgedrückt: Solche Eier auf dem Teller sind schlichtweg ekelhaft.

## In aller Kürze

Nach alldem müssen wir eines klar feststellen: Angeblich hat es noch niemand geschafft, die gesammelten Brüsseler Werke von Anfang bis Ende durchzulesen. Das glauben wir sofort. Dabei haben die Erfinder der europäischen Gesetze irgendwann selbst gemerkt, dass es so nicht weitergehen kann:

§ Entschließung des Rates ... über die redaktionelle Qualität der gemeinschaftlichen Rechtsvorschriften aus dem Jahre 1993:

§ Der Rechtsakt sollte klar, einfach, kurz und unzweideutig abgefasst sein; so sollte der übermäßige Gebrauch von Abkürzungen, des Gemeinschaftsjargons oder extrem langer Sätze vermieden werden.

Ungenaue Verweise auf andere Texte sollten ebenso vermieden werden wie zu viele Querverweise, die den Text schwer verständlich machen.
*Welch bemerkenswerte Einsicht! Allen, denen die ellenlangen, schwer verständlichen und verschachtelten Formulierungen das Leben schwer gemacht hatten, trieb es die Tränen der Rührung in die Augen. Endlich sollte die EU-Gesetzgebung kurz und prägnant werden. Sollte ... Denn vier Jahre später entstand der*

§ Beschluss des Rates über die künftige europäische Tätigkeit im Kulturbereich ...
*ein ganz besonders gelungenes Beispiel europäischer Prägnanz:*

§ Der Rat der Europäischen Union –
  • gestützt auf den Vertrag zur Gründung der Europäischen Gemeinschaft, insbesondere auf Artikel 152,

- eingedenk der Bedeutung der Tätigkeit im Kulturbereich für die weitere Entwicklung der Gemeinschaft,
- in Anbetracht dessen, dass mit Artikel 128 des Vertrags der Gemeinschaft ausdrücklich eine kulturelle Dimension zuerkannt wird,
- unter Berücksichtigung der Grundprinzipien des Vertrags ...
- unter Berücksichtigung der Entschließung des Rates vom 20. Januar 1997 über die Einbeziehung der kulturellen Aspekte in die Tätigkeit der Gemeinschaft ...

*und weiter, unverdrossen:*

§ die Bezugnahme auf die Schlussfolgerungen des Rates und der im Rat vereinigten Minister für Kulturfragen vom 12. November 1992 zu Leitlinien für ein Kulturkonzept der Gemeinschaft,
- wonach der Zusammenhang zwischen dem Kulturbereich und anderen Bereichen deutlicher hervorzuheben ist,
- die Möglichkeiten, die Artikel 128 Absatz 4 des Vertrags in diesem Zusammenhang bietet, besser genutzt werden sollten,
- ein besseres Gleichgewicht zwischen den kulturellen, wirtschaftlichen und anderen Dimensionen der Politik der Gemeinschaft gefunden werden muss, so dass diese Dimensionen einander ergänzen und verstärken,

*kurz Luft holen!*

- in Anbetracht dessen, dass einige kulturelle Aktivitäten der Europäischen Gemeinschaft unter verschiedene kulturelle (Teil-) Programme fallen,
- mit der Feststellung, dass die Gemeinschaft auch außerhalb dieser Programme kulturelle Aktivitäten in vielfältiger Weise unterstützt,

- unter Hinweis darauf, dass im Hinblick auf die Koordinierung der Unterstützung des kulturellen Bereichs die Erstellung aktueller Übersichten über die kulturellen Aktivitäten in der Gemeinschaft von zentraler Bedeutung ist,
- unter Berücksichtigung der Erfahrungen, die die Gemeinschaft mit der Unterstützung des kulturellen Bereichs gesammelt hat,
- in Anbetracht dessen, dass die bestehenden kulturellen Programme in den nächsten Jahren auslaufen werden,
- in Anbetracht dessen, dass es wesentlich ist, dass die Auffassungen der Mitgliedstaaten in den Vorschlägen der Kommission berücksichtigt werden und dass es daher für die Kommission zweckmäßig sein könnte, sie zu ihren Überlegungen zur Zukunft der europäischen kulturellen Zusammenarbeit in angemessener Weise zu konsultieren, fordert die Kommission auf, die Möglichkeiten eines richtungweisenden, umfassenden und transparenten Konzepts für die kulturelle Tätigkeit innerhalb der Gemeinschaft zwecks Umsetzung von Artikel 128 des Vertrags zu untersuchen und spätestens am 1. Mai 1998 unter Berücksichtigung der vorstehenden Überlegungen und der weiteren Evaluierung der einschlägigen (Teil-)Programme Vorschläge über die künftige europäische Tätigkeit im Kulturbereich zu unterbreiten, zu denen unter anderem die Schaffung eines einheitlichen Planungs- und Finanzierungsinstruments zur Umsetzung des Artikels 128 gehört, wobei der audiovisuelle Bereich jedoch bereits über eigene Instrumente verfügt. *Klar, einfach, kurz, unzweideutig – und gänzlich ohne Querverweise!*

Aus Rührung wurde allmählich Verzweiflung, doch die Optimisten unter den Sprachpuristen glaubten noch immer an einen Einzelfall. Immerhin ging es

ja um Kultur, und wie man weiß, gibt es da gelegentlich Raum für Interpretationen.
Um es kurz zu machen: Die Hoffnung auf eine Trendwende im Sprachstil der EU-Gesetzgebung sollte sich nicht erfüllen. Und das nächste Beispiel beweist, dass man auch um sehr greifbare und praktische Entscheidungen viele Worte machen kann.

§ Entschließung des Rates und der im Rat vereinigten Vertreter der Regierungen der Mitgliedstaaten (...) betreffend das Anbringen geeigneter Schilder an den Außen- und Binnengrenzen der Gemeinschaft:

§ Der Rat und die im Rat vereinigten Vertreter der Regierungen der Mitgliedstaaten – in dem Bewusstsein, dass die Gemeinschaft den Erwartungen der Bürger Europas entsprechen und Maßnahmen treffen muss, die geeignet sind, die Identität und das Erscheinungsbild der Gemeinschaft im Bewusstsein ihrer Bürger und gegenüber Drittländern zu bekräftigen und zu fördern
- nach Kenntnisnahme von den Schlussfolgerungen, die der Europäische Rat auf den Tagungen vom 28. und 29. Juni 1985 in Mailand und vom 25. und 26. Juni 1986 in Den Haag zum Bericht des Ausschusses für das Europa der Bürger verabschiedet hat, in der Erwägung, dass nach diesem Bericht Grenzschilder mit einheitlicher Gestaltung entworfen werden sollten, die den Fortschritt korrekt widerspiegeln, der auf dem Wege zu einem echten einheitlichen Markt und zur Einheit der Europäischen Gemeinschaft gemacht worden ist – unter Hinweis auf die Entschließung vom 23. Juni 1981 (I) über den nach einheitlichem Muster gestalteten Pass und die Entschließung vom 7. Juni 1984 (2) über die Erleichterung der Grenzkontrollen – in der Erwägung, dass die Zugehörigkeit der Mitgliedstaaten zur Gemeinschaft hervorzuheben ist und

bestimmte verwaltungstechnische Kennzeichen, die ein Symbol der Trennung dieser Staaten sind, beseitigt werden sollten – nehmen folgende Entschließung an:

§ Die Straßenverkehrsschilder mit der Aufschrift „Zoll" an oder nahe den Binnengrenzen der Gemeinschaft werden abgeschafft.
*Das ist jetzt nicht ernst gemeint, oder? Gnade! Wir geben euch nach dem Stoiber und dem Oettinger auch noch den Brüderle – aber bitte, liebe EU-Rechtsgelehrte: Hört auf, uns zu quälen!*
Gut gemeint ist nicht immer wirklich gut, das wussten wir auch schon, bevor wir uns mit dem „Acquis communautaire" – frei übersetzt: Paragrafenmonster – eingelassen haben. Auf 85 000 Seiten waren die Erlasse, Empfehlungen und Beschlüsse der EU bereits im Jahr 2004 angewachsen, eine aktuelle Schätzung geht davon aus, dass es heute um die 150 000 Seiten sein dürften, die im Amtsblatt der EU zusammengefasst sind.

Die Entbürokratisierungs-Crew um Edmund Stoiber, sozusagen das A-Team unter den Paragrafen-Entrümplern, bemüht sich zwar nach Kräften. Sie haben bisher Maßnahmen angestoßen, die Einsparungen von 650 Millionen Euro gebracht hätten, erklärte Stoiber unlängst. Aber die Kompetenzgier der Brüsseler Beamten ist groß, Entscheidungsprozesse sind lang und, wie wir nun wissen, ist es offenbar unsagbar schwer, Rechtsakte „klar, einfach, kurz und unzweideutig" abzufassen.

Oder, um es mit einfachen Worten schlicht zu sagen: Die Gurke ist lang – und wird immer länger ...

# Gesetzliche Kuriositäten und bürokratische Monster aus Deutschland

## Gesetze sind wie Würste, man sollte besser nicht dabei sein, wenn sie gemacht werden

Wer es unternimmt, einen Gesetzestext zu schreiben, sollte eines dabei nicht versuchen: Es in ansprechender Art zu tun. Ganz offensichtlich ist gutes Deutsch in der Juristerei ähnlich verpönt wie im Polizeiwesen oder vor den Fernsehkameras in einem Fußballstadion. Abwechslungsreichtum der Sprache hat vor allem im Beamtendeutsch nichts zu suchen. Und, Gott bewahre, wage niemand, so zu reden, wie ihm der Schnabel gewachsen ist, und das zu sagen, was ihm in den Sinn kommt.

Nein, lieber wird die Sprache fast bis zur Unkenntlichkeit verbogen, in abgedroschene Worthülsen gepresst, ihr klopfendes Herz auf Eis gelegt, bis sie auch das letzte bisschen Leben ausgehaucht hat. Im Gesetz wird sie ausgetrocknet, blutentleert. Hier wird nichts verkauft, verschickt, im- oder exportiert, gehandelt, geliefert, erworben, nein: es wird verbracht. Ganz gleich, ob es sich um Wein, Bananen, Viehzeug, Treibstoff oder Pestizide handelt, allesamt verbrachte Produkte! Da wird in einer Grunderhebung erhoben, alles wird irgendwie gehandhabt, Produktionspotenziale werden erkannt.

Und auch im Polizeibericht ist es nicht besser. Hier wird nicht gestorben, sondern verschieden, es kracht nicht einer in den anderen, sondern er verunfallt. Und beim Fußball haben die Sportler auf dem Platz keinen Spaß, sondern sie sind mental gut drauf, wenn sie mit breiter Brust eine gute Leistung gezeigt haben – 1000-mal gehört, abgenudelt, ausgewrungen und, wenn's ganz dumm gelaufen ist, auch

noch falsch verwendet. An dieser Stelle vielleicht
noch einmal ein kleiner Ausflug zu den „Equiden"
gefällig?

Die Vierbeiner, die, wie wir inzwischen wissen,
auch Pferde, Ponys, Rösser, Esel, Kalt-, Warm-, Vollblüter, Turnier-, Renn-, Spring-, Dressur-, Freizeit-,
Zug-, Arbeits- oder Westernpferde genannt werden
können, je nach Zusammenhang, heißen nunmehr –
nicht nur in Europa – sondern auch bei uns schlicht
und einfach: Equiden.

## Bloß keine Rosstäuscherei

Von der Homepage der deutschen Reiterlichen
Vereinigung haben wir diesen Beleg:

§ Die europäische Kommission hat am 6. Juni 2008
eine Verordnung zur Umsetzung von Richtlinien in
Bezug auf Methoden zur Identifizierung von Equiden
verabschiedet. Diese Verordnung ist am 1. Juli 2009
in Kraft getreten. Demnach benötigen alle Equiden
einen Pass, auch solche, die nicht verbracht werden.
Equiden, die ab dem 1. Juli 2009 identifiziert werden,
müssen eine aktive Kennzeichnung in Form eines
Mikrochips/Transponders erhalten.

Nun wollen wir aber nicht allzu harsche Kritik
üben an jenen, die uns mit ihren Gesetzen den Weg
bahnen durch die Verstrickungen und Unübersichtlichkeiten des Lebens. Allein das folgende Beispiel
beweist, wie viel Gesetzgebung, wenn schon nicht
mit sprachlicher Schönheit, aber doch mit wortreicher Genauigkeit zu tun hat.
Aus dem deutschen Weingesetz:

# Vom Auslesen und Spätlesen und Verlesen

§ Für Getränke, die nicht Erzeugnisse sind, dürfen die Worte Wein, Kabinett, Spätlese, Auslese, Beerenauslese, Trockenbeerenauslese und Eiswein allein oder in Verbindung mit anderen Worten nur gebraucht werden, wenn eine Vorschrift in Rechtsakten der Europäischen Gemeinschaft oder eine bundesrechtliche Regelung dies ausdrücklich vorsieht.

§ Getränke, die mit Erzeugnissen verwechselt werden können, ohne Erzeugnisse zu sein, oder Vormischungen für solche Getränke dürfen nicht verarbeitet, in den Verkehr gebracht oder eingeführt werden.
*Erzeugnisse sind was?*
*Vor dem Studium des Gesetzes empfiehlt sich das Lesen von Paragraf 2 – zur Begriffsklärung:*

§ Erzeugnisse: die in den Rechtsakten der Europäischen Gemeinschaft genannten Erzeugnisse des Weinbaus ohne Rücksicht auf ihren Ursprung, aromatisierter Wein, aromatisierte weinhaltige Getränke, aromatisierte weinhaltige Cocktails sowie weinhaltige Getränke.

§ Weinhaltige Getränke: unter Verwendung von Erzeugnissen des Weinbaus hergestellte, üblicherweise unverändert dem Verzehr dienende, nicht aromatisierte alkoholische Getränke, wenn der Anteil der Erzeugnisse im fertigen Getränk mehr als 50 vom Hundert beträgt und bei der Herstellung eine Gärung nicht stattgefunden hat.

§ Inländischer Wein: im Inland aus inländischen Weintrauben hergestellter Wein.

- § Verarbeiten: Herstellen, Abfüllen und Umfüllen.

- § Herstellen: jedes Behandeln, Verschneiden, Verwenden und jedes sonstige Handeln, durch das bei einem Erzeugnis eine Einwirkung erzielt wird; Lagern ist Herstellen nur, soweit dieses Gesetz oder eine auf Grund dieses Gesetzes erlassene Rechtsverordnung das Lagern für erforderlich erklärt oder soweit gelagert wird, um dadurch auf das Erzeugnis einzuwirken.

- § Abfüllen: das Einfüllen in ein Behältnis, dessen Rauminhalt nicht mehr als 60 Liter beträgt und das anschließend fest verschlossen wird.

- § Verwenden: jedes Verarbeiten eines Erzeugnisses zu einem anderen Erzeugnis.

- § Verwerten: jedes Verarbeiten eines Erzeugnisses zu einem anderen Lebensmittel, das kein Erzeugnis ist.

- § Begleitpapiere: die nach den Rechtsakten der Europäischen Gemeinschaft oder auf Grund dieses Gesetzes für die Beförderung von Erzeugnissen im Zollgebiet der Europäischen Gemeinschaft vorgeschriebenen Dokumente.

Im Hinblick auf juristische Wortklauberei fühlen wir und nach diesem kurzen – wenn auch unvollständigen – Ausflug ins Definitionswesen nun hinreichend gewappnet und sind auf der Suche nach weiteren Schön- und Dummheiten im juristischen Sprachgebrauch fündig geworden.

# Kommunalrecht

### Fliegen verboten!

In der Gemeinde Fraunberg im oberbayerischen Landkreis Erding gibt es eine Satzung zur Benutzung des Panoramawegs, die uns darüber aufklärt, was wir unter einem Weg zu verstehen haben.

§ Die Vorschriften dieser Satzung gelten für die Wanderwege „Panoramaweg Fraunberg" und „Marienweg" der Gemeinde Fraunberg.

§ Zu den Wegen gehören: der Wegekörper, das sind insbesondere Wegegrund, Wegeunterbau, Wegedecke, Brücken, Durchlässe, Dämme, Gräben, Entwässerungsanlagen, Böschungen, Stützmauern, Seitenstreifen, der Luftraum über dem Wegekörper sowie der Bewuchs und das Zubehör.

Möglicherweise hat die Gemeindeverwaltung versucht, die Umnutzung des Wanderwegs in eine dritte Start- und Landebahn des nahe gelegenen Münchner Flughafens – das ist der mit den zehn Minuten – zu verhindern. Die Frage ist, was passiert, wenn eine Maschine dann doch mal den Luftraum über dem Fraunbergschen Wanderweg kreuzt, schießen sie dann mit Kanonen?

### Radfahren verboten!

§ Zwar nicht mit dem Leben, aber mit einem Strafgeld muss bezahlen, wer mit einem Fahrrad den Luftraum über Helgoland verletzt. § 50 der StVO verbietet nämlich neben dem Verkehr mit Kraftfahrzeugen auch das Radfahren auf der Nordsee-Insel.

### Tiere verboten!

Im schönen Dietfurt an der Altmühl gibt es eine Friedhofssatzung, die so manche Frage offen lässt:

§ Innerhalb des Friedhofes ist u. a. verboten:
- das Mitnehmen von Tieren (zum Beispiel sind Hunde außerhalb des Friedhofes anzubinden). *Fragt sich, welche eigenartigen Hausgenossen die Bewohner der 6000-Einwohner-Stadt in der Oberpfalz zu halten pflegen, mit denen so ein Ausflug auf den Friedhof nahe liegend wäre, Krokodile vielleicht?*

### Hühner füttern: Verboten!

In Erlenbach am Main könnte eine gelegentliche Spracherneuerung des Amtsblattes nichts schaden. Hier geht es um die Abgabe von Impfstoff in einer Tierarztpraxis. Dazu heißt es:

§ Achtung Hühnerhalter: Die Anwendung muss innerhalb von zwei Stunden erfolgen. Es ist daher erforderlich, die Tiere schon vorher mehrere Stunden dürsten zu lassen.
*Wonach sie dürsten sollen oder ob es nicht doch einfach darum geht, das Federvieh dursten zu lassen, verrät uns das Amtsblatt nicht.*

### Sprachliche Kunstwerke

Im Folgenden geht es um einen Erdrutsch und eine Verordnung des Regierungspräsidiums Stuttgart über das Naturschutzgebiet Bergrutsch am Kirchsteig bei Urbach. Und, was soll man sagen, der Regierungspräsident nennt das Kind beim Namen:

§ Erhalt eines durch gravitative Massenverlagerungen großer Augenblicksleistung neu entstandenen Geotops.

# Landesrecht

Im Landesrecht Niedersachsen haben wir das Gesetz zum Buchfinkengesangswettbewerb gefunden – lustig an der Sache ist allerdings bei näherer Betrachtung nur der Titel.

§ Die im Frühjahr stattfindenden Buchfinkengesangswettbewerbe im Oberharz – die so genannten „Finkenmanöver" – gehen mit einer großen Belastung der Buchfinken einher. Daher sind hohe Anforderungen an die ordnungsgemäße Unterbringung und Haltung der Buchfinken – insbesondere in der Gesangszeit (...) zu stellen.

§ Bei der tierschutzrechtlichen Beurteilung gemäß § 2 des Tierschutzgesetzes der Buchfinkenhaltung und der Buchfinkengesangswettbewerbe sind die Statuten der Buchfinkengilde Südniedersachsen (...) heranzuziehen. Abweichungen sind entsprechend den tierschutzrechtlichen Vorgaben zu maßregeln.

# Verfassungsrecht

Auch die Karlsruher Richter sind nur Menschen, auch wenn sie in ihren schönen roten Roben weit, weit über uns Normalsterblichen thronen. Zu viel Arbeit aber ist auf alle Fälle ungesund. Weil so viele Verfassungsbeschwerden in Karlsruhe einlaufen, sind eine Menge Regierungsbeamte vorgeschaltet, die nach Möglichkeiten suchen, diese Klagen wieder loszuwerden. Zu spät, nicht zulässig oder aber:

§ Der Rechtsweg ist erschöpft.
*Erschöpfend finden wir lediglich die unmögliche Formulierung – die aber so im Bundesverfassungsgerichtsgesetz steht.*

# Gesetze unter Hammer und Sichel

Wer in den Gesetzestexten unseres früheren deutschen Nachbarstaates nach Formulierungen und Bestimmungen sucht, die ohne weitere Interpretation zum Lachen reizen, wird sich schwertun. Wenn überhaupt, dann ist Humor im bürokratischen Regelwerk der DDR allerhöchstens in homöopathischen Dosen zu spüren, und dann hatte er sich mit großer Wahrscheinlichkeit hintenherum eingeschlichen. Vermutlich hat auch kein westlicher Geheimdienst je versucht, Erheiterndes im deutschen Land hinter dem Eisernen Vorhang aufzuspüren. Vom einfachen Volksgenossen ist ja bekannt, dass er nur wenig zu lachen hatte. Und die Oberen, die an dem ganzen Elend schuld waren, gingen zum Zwecke der lautstarken Erbauung vermutlich ganz real in den Keller. Wenn wir Heutigen da etwas nicht mitbekommen haben sollten, haben Staatssicherheit und DDR-Spionage-Abteilung in dieser Hinsicht ganze Arbeit geleistet und dem Wortlaut des Paragrafen 97 zum Thema Spionage voll entsprochen.

§ Der sozialistische Staat schützt und sichert seine staatlichen, wirtschaftlichen und militärischen Geheimnisse allseitig gegenüber jedermann.

### Sommer in der DDR

Schön, dass wir heute, fast 30 Jahre nach dem Fall der Mauer, mehr Einblick in die interessanten Details der deutsch-demokratischen Staatsorganisation haben. Beim Stöbern im historischen Staats- und Verwaltungsrecht der früheren DDR stößt man unter anderem auf Auflistungen, wie die folgende.

§ Verordnung über die Einführung der Sommerzeit vom 31. Januar 1980

§ Verordnung über die Einführung der Sommerzeit
vom 6. Februar 1981

§ Verordnung über die Einführung der Sommerzeit
vom 2. Februar 1982

§ Verordnung über die Einführung der Sommerzeit
vom 23. September 1982

§ Verordnung über die Einführung der Sommerzeit
vom 22. Dezember 1983

§ Verordnung über die Einführung der Sommerzeit
vom 14. Februar 1985

§ Verordnung über die Einführung der Sommerzeit
vom 16. Januar 1986

§ Verordnung über die Einführung der Sommerzeit
vom 12. Februar 1987

§ Verordnung über die Einführung der Sommerzeit
vom 7. Januar 1988

§ Verordnung über die Einführung der Sommerzeit
vom 24. Juni 1988

§ Verordnung über die Einführung der Sommerzeit
vom 11. Mai 1989

Welch eindrucksvolles Zeugnis sozialistisch-büro-
kratischer Gründlichkeit! Die Freude der Volksgenossen muss grenzenlos gewesen sein, wenn ihnen
in schöner Regelmäßigkeit per Gesetzblatt mitgeteilt
wurde, in welche Richtung sie ihren Wecker gerade
zu verstellen hatten, um ihrer Pflicht zur Gestaltung
des sozialistischen Vaterlands auch ja rechtzeitig
nachkommen zu können. In Anbetracht des allseits

bekannten chronischen Papiermangels in der DDR mag die Veröffentlichungsflut Anlass genug zu Hohn und Spott gewesen sein – nur unter der Hand versteht sich.

## Die Durchführung von Veranstaltungen

Weil es für einen Staat – vor allem für einen, in dem die freie Entfaltung der Persönlichkeit so großgeschrieben ist – mitunter gefährlich sein kann, wenn mehrere Menschen an einem Ort zusammenkommen und auch noch miteinander kommunizieren, hatte man sich in der DDR ein Veranstaltungsrecht ausgedacht, dass dem einfachen Volksgenossen jede Lust auf gesellschaftliche Zusammenkünfte vergällen musste. Festgelegt war das Ganze in der Verordnung über die Durchführung von Veranstaltungen, wo zunächst einmal erklärt werden musste, was eine Veranstaltung überhaupt ist. So weit war es schon gekommen, im deutschen demokratischen Sozialismus.

§ Veranstaltungen im Sinne dieser Verordnung sind Versammlungen oder andere organisierte Zusammenkünfte von Personen und öffentliche Darbietungen.

Anmelden musste ein Veranstalter seine Veranstaltung mindestens fünf Tage vorher, und zwar bei der recht beliebten Deutschen Volkspolizei. Er konnte, so stand es zumindest im Gesetz, zur „Unterstützung bei der Wahrnehmung seiner Rechtspflichten" Ordnungskräfte einsetzen.
*Oh wie großzügig! Man stelle sich einmal vor, man gibt eine Party für 150 trinkfeste Freunde und lädt sich vorsichtshalber gleich noch ein paar Beamte mit ein – nur für den Fall, dass ein paar Gäste ihre Grenzen nicht kennen.*

Er musste es aber tun, wenn es von der Deutschen Volkspolizei gefordert wurde.
*So viel zur „für immer beseitigten Unterdrückung des Menschen im Sozialismus".*

Gut, der Volksgenosse durfte immerhin seinen Geburtstag feiern, da die alljährliche Wiederkehr des Tages der Geburt und die Feier desselben beim sozialistischen Menschen ja eine

§ sich aus dem sozialistischen Zusammenleben ergebende Zusammenkunft war.
*Oder wieso feiern Sie Ihren Geburtstag?*

# Namensrecht in Deutsch-Absurdistan

## Wenn der deutsche Kevin einen Suri hat und Fanta mit Pepsi spielt

Fast möchte man den verzweifelten Ruf nach einer gesetzlichen Regelung starten in Anbetracht des weiterhin grassierenden Kevinismus. „Die Soziologie hat für das Unvermögen einer größer werdenden Bevölkerungsgruppe, ihrem Nachwuchs menschliche Namen zu geben, bereits einen Begriff geprägt: Kevinismus." So schreibt der Bestsellerautor Jan Weiler im Stern. Und mittlerweile gibt es sogar ein Pendant für den Bereich der Mädchennamen: den Chantallismus. Weiler hat aber auch noch einen anderen Trend benannt: den Emilismus. Da werden bevorzugt Namen ausgegraben, die vor einem knappen Jahrhundert in Mode waren.

## Namen sollen billig sein

Ganz egal, auf welchen Zug man nun selbst aufspringen und mit welchen Namen man Kinder bestrafen oder beschenken möchte, wie man seine Kinder richtig benennt, ist nicht erst seit heute ein Thema, das die Gemüter erhitzt.
So hat Friedrich Ehrhart im Jahr 1782 – veröffentlicht im zweiten Band der „Ephemeriden der Menschheit" – den Versuch gestartet, einige Regeln zur Benennung deutscher Kinder zu formulieren und dabei unter anderem geschrieben:

§ Die Tauf- oder Vornamen deutscher Kinder sollten billig alle deutsch sein, damit man daraus deren Vaterland und Herkunft sehen könnte. Ein wahrer Deutscher (...) macht sich eine Ehre daraus, wenn man ihn für einen Deutschen hält, und sucht des-

wegen nicht seine Herkunft mit einem fremden
Namen zu verbergen und zu maskieren, sondern mit
einem deutschen zu zeigen und zu beweisen.
*Was würde der Denker aus dem ausgehenden 18. Jahrhundert wohl von Kevin halten? Von Jennifer, Jacqueline, Justin oder Noel? Auch Sarah oder Luca wären ihm übel aufgestoßen. Des Weiteren hat er geschrieben:*

§ Jedes Kind soll nicht mehr als einen Vornamen haben, denn wozu eine Sache hinreichend ist, da ist eine zweite unnötig. Viele Namen dienen zu nichts, als uns und anderen mehr Arbeit im Schreiben zu machen.

§ Muss derselbe nichts Unanständiges enthalten. Es ist schon schändlich genug für uns, dass wir so viele deutsche Geschlechts- oder Zunamen haben, die nach der Bierschenke oder wohl gar nach dem Schweinestall riechen …

§ Soll er nicht ohne Bedeutung und geschmacklos, sondern nachdrücklich, körnicht und sinnreich sein. Gottlieb, Thurecht, Friedreich, Fleißmann, Ehregott, Wahrmund, Tugendfreund, Biedermann, Reinherz, Sittenhold, Winterjung, Lasterfeind, Freimännin, Keuschlebin, Stolzseindin, Glückmännin, Sommertochter, Frühlingskind, Edelherzin, Tugendbraut, Ehrentochter, Gartenkind, Treumädchen, Gottholdin und tausend andere mehr.
*Wie wir später noch sehen werden, ist er an mancher Stelle gar nicht so weit von heutigen Geschmacklosigkeiten entfernt. Wobei „Keuschlebin" bisher unübertroffen ist. Weiter mit Friedrich Ehrhart:*

§ Muss er nicht mit der Wahrheit streiten. Einen Knaben, der in den Hundstagen geboren worden, Wintersohn zu heißen, würde sehr lächerlich sein …

§ Muss er auch nicht verunstaltet werden. Aus Friedreich mache man nicht Frize oder wie die Schweizer Fridli und so weiter, sondern man lasse jeden Namen, wie er nach der besten deutschen Mundart sein muss.

Der Ahrensburger Namensforscher Knud Bielefeld hat den oben zitierten Text aus dem 18. Jahrhundert gefunden, 2010 transkribiert und überarbeitet.

## Allumfassender Einsatz für die Sache Gottes! „Cihad

Was Eltern mit der Wahl des Namens für ihre Kinder anrichten können, zeigt der Fall eines 16-Jährigen mit dem türkischen Vornamen Cihad. Der Fall war Anfang des Jahres 2010 durch die Gazetten gegangen. Der Name hatte eine Zahnärztin in Donaueschingen dazu bewogen, einen 16-Jährigen in ihrer Praxis nicht zu behandeln, im Glauben, sein Vorname bedeute „Heiliger Krieg" und sei damit eine Kriegserklärung an Nicht-Islamisten. Nun ist aber Cihad ein in der Türkei häufiger Name. Abgeleitet vom arabischen Djehad bedeutet er nicht Heiliger Krieg, sondern steht im Islam für den „allumfassenden Einsatz für die Sache Gottes" und für den „inneren Kampf um das Gute" wie der „Focus" berichtete, und meint damit die moralische Verpflichtung des Muslimen für den „geistigen und gesellschaftlichen Einsatz für die Verbreitung des Glaubens".

Daran aber sei nichts Verurteilenswertes, urteilte das Berliner Kammergericht. Die Zahnärztin hat sich mittlerweile bei dem Jungen mit der Zahnspange entschuldigt, der ja genauso wenig für seinen Namen kann wie jede Jennifer, jeder Justin und jede Sabrina.

## Guttenberg ist nicht Hinz und Kunz

„Quod licet iovi, non licet bovi." Das sagten schon die alten Römer. Übersetzt heißt der Satz in etwa: Was dem Großkopferten erlaubt ist, darf der kleine Mann noch lange nicht. Wenn also unser ehemaliger Politsuperstar Karl-Theodor Freiherr von und zu Guttenberg, seines Zeichens am 01. März 2011 zurückgetretener bundesdeutscher Verteidigungsminister, zu seinem Namenszusatz „Freiherr von und zu" auch noch zehn Vornamen führen darf, dann ist das für Hinz und Kunz noch lange nicht genehmigungsfähig. Zumal die Eltern des CSU-Politikers ihren Sprössling auch mit durchweg bodenständigen deutschen Namen auf den Weg in den Erfolg geschickt haben.
Karl-Theodor kann im Weiteren mit den Namen Maria, Nikolaus, Johann, Jakob, Philipp, Franz, Josef und Sylvester aufwarten. Dagegen kann ein deutsches Gericht wohl nicht viel sagen.

## Tatbestand der Belästigung

Des Freiherren Selbstidentifikation scheint unter dem Berg an Vornamen jedenfalls nicht gelitten zu haben – was allerdings das Oberlandesgericht Düsseldorf für einen kleinen Jungen befürchtete, dessen Mutter zwölf Vornamen ausgesucht hatte. Woher sie ihre Inspirationen nahm, ist nicht überliefert, urteilen Sie selbst:
Chenekwahow, Tecumseh, Migiskau, Kioma, Ernesto, Inti, Prithibi, Pathar, Chajara, Majim, Henriko und Alessandro.

Eine solche Häufung von Namen würde dem Kindeswohl widersprechen, urteilte das Gericht und sprach

von einem „erheblich belästigenden Charakter"
für das Kind. Es würde damit zu sehr auffallen, vor
allem, weil es sich um ungewöhnliche Namen handle.
Immerhin ließ das Oberlandesgericht dann doch die
ersten fünf Namen zu. Ob sie dem Buben damit
einen Gefallen getan haben? Die Mutter ging mit
ihrem Anliegen schließlich sogar bis zum Bundes-
verfassungsgericht. Das aber nahm die Klage gar
nicht erst an.

## Völlig jeck!

Natürlich ist sie eine echte Rheinländerin, Lena
Isabel Godesia. Und vermutlich sind ihre Eltern
ein wenig jeck – im besten rheinischen Wortsinne.
Godesia nämlich wird die Karnevalsprinzessin im
Bonner Ortsteil Bad Godesberg genannt, wo die
Eltern der Kleinen zu Hause sind. Und dann kommt
dat Kind auch noch an einem Karnevalsfreitag auf die
Welt ... Dass die Eltern aus Freude über die Geburt
eine Polonäse durch den Kreißsaal getanzt hätten,
ist pure Spekulation, die Mutter – eine Zugereiste! –
soll sich aber Musik der Kölner Karnevalsband Bläck
Fööss als Untermalung ihrer Geburtswehen gewünscht haben. Offiziell ist der Vorname aus den
angeblich gebräuchlichen Namen Godwar, Godar
und dem Mädchennamen Teresia zusammengesetzt,
was das örtliche Standesamt dann doch bewogen
hat, der ausgefallenen Namenswahl zuzustimmen. In
welchem Lexikon die Beamten da wohl nachgeguckt
haben? Falls Godesia mit der ganzen Narretei nichts
am Hut hat, kann sie sich – die Eltern sind nicht nur
jeck, sondern auch ein wenig weise – unter einem
ihrer anderen beiden Vornamen rufen lassen.

# Mein Sohn heißt Marie!

Nun könnte man ja sagen, Godesia beziehungsweise ihre Eltern haben Glück gehabt. Wären sie im brandenburgischen Falkensee aufs Standesamt gegangen, wäre es ihnen möglicherweise nicht so leichtgefallen, die Beamten von ihrer Namenswahl zu überzeugen. Hier stellten sich unlängst die zuständigen Stellen quer, als Eltern ihre Kinder Anne und Marie nennen wollten. Aber nicht etwa, weil es beide Vornamen in den Jahren zuvor zu häufig gegeben hat – Marie immerhin schaffte es in den vergangenen zwei Jahrzehnten nur ein einziges Mal nicht unter die Top 20 der beliebtesten Mädchennamen. Anne ist zwar nicht ganz so beliebt wie Anna, ist aber dafür seit 1890 fast immer unter den Top 100 der weiblichen – wohlgemerkt: der weiblichen! – Vornamen.
In der brandenburgischen Kommune nun werden beide Namen nur noch mit einem zusätzlichen Namen genehmigt, weil beide Vornamen in manchen Ländern als Vornamen für Jungen verwendet würden, so das Standesamt. Weil das deutsche Recht aber vorschreibt, dass aus dem Namen das Geschlecht eindeutig zu erkennen sein muss, darf Anne nicht nur Anne und Marie nicht nur Marie heißen. Absurd? Aber hallo!

## Tatbestand der Körperverletzung

In den USA ist, wie man aus den Berichten über die absurden Namen weiß, die manche Promis ihren Kindern geben, vieles kein Problem, was bei uns die Gerichte beschäftigt. Man denke nur an Romeo, Brooklyn und Cruz, die Kinder von David Beckham, oder an Knox Leon Jolie-Pitt. Klingt ein bisschen wie ein neuer Superkleber, ist aber tatsächlich ein Stammhalter von „Brangelina". Bei Knox' Schwester Shiloh Nouvel sehen wir eher ein Glas gut abgelagerten Whiskeys vor uns. Sage Moonblood – der Schauspieler Sylvester Stallone hat seinen Sohn so genannt – klingt wie der Titel eines Horrorfilms, zumindest wenn man nicht weiß, dass Sage im Amerikanischen nichts Schlimmeres als „Köcherfliege" bedeutet.

## Meine Tochter ist ein Schaf

Wenn einer in Bayern einen gesalzenen Vollrausch hat, sagt man auch, er habe einen Suri. Was dem Schauspielerehepaar Tom Cruise und Katie Holmes vermutlich egal gewesen wäre, wenn sie es gewusst hätten, bevor sie ihre Tochter so nannten. Schließlich nahmen sie es mit der ethymologischen Herleitung des Namens für ihr Kind auch nicht so genau. Der Name bedeutet im Hebräischen nicht Prinzessin, wie der Schauspieler es die Medienöffentlichkeit glauben machen wollte, sondern (ebenso wie im Arabischen) „aus Syrien stammend". Bei den Rumänen steht dieser Name übrigens für „Messer", im Persischen für „rote Rose", die Japaner beschimpfen einen Taschendieb als Suri, im südindischen Toda heißt es „stupsnäsig" und zu guter Letzt ist das Suri auch noch eine peruanische Unterart des Alpakaschafs.

## Lieber mit Hütchen

Es schadet also ganz und gar nicht, sich bei der Wahl eines fremdländischen, gar exotischen Namens zunächst einmal über dessen Bedeutung zu informieren. So gibt es im Türkischen den weiblichen Vornamen Yeter. Übersetzt bedeutet er „es reicht" und wird angeblich gern von Eltern verwendet, die glauben, eigentlich schon genügend Kinder auf die Welt gebracht zu haben. Falls es dann aber mit der Verhütung immer noch nicht so klappt und Yeter nicht die Jüngste in der Familie bleibt, geben Eltern dem Nachzügler – wenn es ein Junge ist – den Namen „Imdat", was so viel heißt wie „Hilfe!" Letztere findet übrigens auch der Türke am besten in der Apotheke seines Vertrauens. Sonst muss er sein allerletztes Kind noch „Abstinenz" nennen.

## Tiger in der Wiege

Unter diesen Umständen kann man gegen den Namen Tiger eigentlich nicht mehr viel sagen. Im chinesischen Horoskop wird die große Katze als charmant, empfindsam und mutig beschrieben, durchaus Eigenschaften, mit denen man sich identifizieren möchte. Warum also nicht Tiger für unsere Tochter, hat sich ein Ehepaar aus dem Raum Hannover gedacht allerdings mit dem weiblichen Beinamen Emma. Diese Kombination, Emma Tiger, hatten sie sich bei Schauspieler Til Schweiger abgeguckt, der diesen Namen für seine Tochter in den USA problemlos anmelden ließ.

Aber so einfach geht das bei uns noch lange nicht. Das zuständige Amtsgericht jedenfalls winkte ab. Das Landgericht ebenfalls. Zu wenig weiblich, der Tiger, auch nicht wenn's ein Emma-Tiger ist. Erst beim Oberlandesgericht Celle hatte man ein Einsehen und erlaubte dem Hannoveraner Paar, ihre eigene Emma Tiger großzuziehen. Die Schweiger-Tochter wurde dabei sogar als Bezugsfall genannt. Sie werde den Namen so bekannt machen, dass sich irgendwann keiner mehr daran stören werde, so die Überlegung der Richter. Ein interessanter Gedanke, wie sie wohl argumentiert hätten, hätte Til Schweiger seine Kinder Faultier, Wildsau oder Warzenschwein genannt.

## Waterloo für Winnetou

Natürlich gehört es zu den spannendsten Dingen, mit denen sich Eltern beschäftigen müssen, wenn sie in freudiger Erwartung sind, sich über den passenden Namen für den Nachwuchs klar zu werden. Er soll zum Nachnamen passen, jeder Name weckt ja bestimmte Assoziationen. Mit der Wahl ist eine Aussage über das Weltbild und die Sicht der Eltern auf sich selbst verbunden. Bildungsbürger – und solche, die sich dafür halten – geben ihren Kindern andere Namen als Menschen, die eher der Unterschicht zugerechnet werden können.

Der Name wird zum Ausdruck des sozialen Status, sagen Namensforscher, er ist ein Akt der Selbstverwirklichung geworden. So soll es Menschen geben, die ihre Söhne nach großen Feldherren genannt haben. Sag mir den Namen deines Kindes, dann sag ich dir, wer du bist!

Philosophen, Politiker, Schauspieler, Rockstars, Rennfahrer, Schriftsteller oder ihre Romanfiguren, alles schon da gewesen; Napoleon, Wilhelm, Liam (nach Liam Gallagher, dem Sänger der sich im Februar 2011 gerade wieder zusammengefundenen englischen Rockband Oasis), Darwin, Umberto, Winnetou, Pumuckl, sogar Metallica geistern als Vornamen durch die Republik. Und irgendwo in Deutschland gibt es nun auch ein Kind, das Google heißt.

## Extra-doof

Kommen wir also zu Emily-Extra. Das Oberlandesgericht Schleswig-Holstein hat den Namen gebilligt mit dem Hinweis darauf, dass das Recht zur Erziehung nicht nur das Recht zur Namensfindung, sondern auch zur Namenserfindung beinhaltet. Hauptsache, der Mensch werde durch den Namen nicht herabgewürdigt oder diskriminiert.
Beim zuständigen Standesamt war der Name zunächst abgelehnt worden, weil man dort genau das befürchtet hatte. Einen Vorteil wird die kleine Extra später im Leben aber allemal haben: Sie wird im Kindergarten oder in der Schule nicht mit anderen Kindern verwechselt – sondern eher mit einer Handelskette oder einem Reisebüro.

## Adermann im Birkenfeld oder: Kein Pepsi-Carola für Singh Singh

Dabei hat Emily-Extra es noch gut getroffen, verglichen mit Adermann (weiblich oder männlich?), Birkenfeld (hört sich irgendwie nach Pantoffeln an) oder Alke (Prost!). Auch Gor, Lafayette, Mikado, Sweer, Raven, Prestige, Speedy, Katzbachine, Jazz, Pepsi-Carola, Fanta, Gneisenauette, Singh und Latoya fanden Gnade vor deutschen Gerichten. Nun, mag man einwenden, der eine heißt wie eine noble Autokarosse, der andere wie die schnellste Maus von Mexiko, zwei teilen sich den Namen mit einem zuckerhaltigen Softgetränk, eine andere heißt wie der Star aus einem Softporno. Gor ist der Name einer Fantasiewelt, in der Testosteron gesteuerte Muskelmaschinen ihre Macho-Fantasien ausleben und Frauen in Ketten gehalten werden – wer's mag, für den ist dies das Höchste.

Die Frage sei nun erlaubt, welche Begründungen die Standesämter und Gerichte gefunden haben, den Namen La Toya abzulehnen, Latoya aber zu erlauben. Und wie steht es mit den Verboten von Tom Tom, Holgerson, Rosa, Micha, Josephin, Jona, Venus, Marey, Zooey, Chris oder Michael Jackson? Was daran ist schlimmer als Mikado?

Gut, die Ablehnung von Heydrich ist nachvollziehbar; auch über Pfefferminze, Schmitz, Schroeder oder Bierstübl würden wir keinen Streit vom Zaun brechen, und es ist zumindest fraglich, ob „Frieden Mit Gott Allein Durch Jesus Christus" sein muss oder „Noah ben Abraham". Jesus übrigens ist erlaubt. Borussia verboten. Vielleicht sollte mal einer fragen, wie es mit Schalke oder Hoffenheim steht?

# Auf ewig Allerheiligen

Widmen wir uns nun dem wunderbaren Namen November. Einen Monat als Vornamen? Hat Tradition, das steht fest. So gibt es den August – auch den dummen – schon seit Jahrhunderten. Die Römer machten den Augustus sogar zum Kaiser. Bei „April" – sprich Äipril, wie es der Engländer sagen würde – mag sich manch einer an die toughe Miss Stevens, Bobby Ewings zweite Ehefrau in der legendären Seifenoper Dallas erinnern, bei Summer – Samma! – an eine bezaubernde Bikini-Schönheit aus der US-Serie Baywatch. Auch Juli, Julie, June, Juni und Mai sowie May sind durchaus gebräuchliche Bezeichnungen für Damen unterschiedlichen Semesters. Nun haben aber alle diese Namen eines gemein: Sie bezeichnen Monate des Frühlings und des Sommers. Man assoziiert Licht mit ihnen, Wärme, den Duft der schönen Jahreszeit.

Wie aber in aller Welt kommt einer auf den Gedanken, sein Kind ausgerechnet November nennen zu wollen? Warum nicht gleich Dauerregen, Herbst-Depression oder Allerheiligen?
Tatsächlich hatte sich das Amtsgericht Tübingen im Januar 1995 noch gegen einen Vornamen November ausgesprochen. Das Landgericht Bonn hat ihn 2006, elf Jahre später, dann aber doch zugelassen. Entweder die Bonner Richter waren schon wieder jeck, diese Rheinländer, oder aber sie trugen dem Klimawandel Rechnung und der Tatsache, dass man im November nun auch schon mit T-Shirt im Biergarten oder in der Weinlaube sitzen kann – am schönen Rhein sogar noch öfter als andernorts in der Republik. Wir glauben aber eher, dass die Herren bereits ein wenig zu tief in die grüne Waldmeisterbowle geschaut und nicht mehr bemerkt hatten, welch grauenhafte Entscheidung sie da trafen. Das

Urteil für November wurde nämlich im Juni gefällt, wenn die Sonne bekanntlich am höchsten steht.

## **Störenfriede vor Gericht!**

Schließlich noch ein Ratschlag an all jene, die lange genug unter ihrem Namen gelitten haben. Es müssen zwar schwerwiegende Gründe vorliegen, um eine Namensänderung beim Standesamt durchzusetzen. Aber vielleicht könnte ja der Dauerstress mit den eigenen Eltern, denen man wegen seines Namens Vorwürfe macht, vor Gericht als entscheidende Argumentationshilfe dienen.
Wer für seine Altvorderen von vorn herein nur „Störenfried" oder „Waterloo" war – oder gar beides! –, der sollte allerdings aus ganz anderen Gründen gegen seine Erzeuger vor Gericht ziehen. Und am besten das verantwortliche Standesamt gleich mitverklagen.

# Namensrecht in anderen Ländern

## Fußball zwischen den Ohren

§ Nicht etwa Levski und ZSKA Sofia, die beiden besten Clubs der Bulgarischen Fußballliga, hatten es einem bulgarischen Fußballfan angetan, nein, der englische Top-Club Manchester United musste es sein. Vor einem bulgarischen Regionalgericht erstritt er die Änderung seines Namens. In erster Instanz hatte er noch verloren. Der 36 Jahre alte Mann sei sein ganzes Leben lang Fußballfan und habe sich seit seinem elften Lebensjahr gewünscht, den Namen seines geliebten Fußballclubs zu tragen, schrieb eine Zeitung.

Nun hat er es geschafft, aus Marin Sdrawkow wurde Manchester United, also mit Vornamen Manchester und mit Nachnamen United. Die Frage sei erlaubt, wie die Bulgaren das Wort „United" wohl aussprechen.

## ZuRechtgedreht

§ In der Türkei sind die Buchstaben X, W und Q in Vor- und Familiennamen verboten. Im türkischen Alphabet kommen die drei Buchstaben gar nicht erst vor, wohl aber im kurdischen. Zwar dürfen Kurden in der Türkei ihren Kindern mittlerweile kurdische Namen geben, aber ohne die genannten Buchstaben, was viele kurdische Namen de facto von vorneherein ausschließt.

Nun hat dieses Gesetz dazu geführt, dass ein zweijähriger Junge im Herbst 2009 in Berlin als staatenlos erklärt werden musste. Sein Vater, der als politischer Flüchtling nach Deutschland gekommen war, hatte ihm den Vornamen Cigerxwin gegeben, damit einen bekannten kurdischen Dichter geehrt. Als die

Eltern nun beim Berliner Generalkonsulat einen Pass für den Jungen beantragen wollten, wurde er ihnen dort mit Hinweis auf die in der Türkei geltende Regel verweigert.

## Brücke in den Knast

§ In Norwegen ist das Namensrecht streng reguliert. Erlaubt ist nur, was auf der norwegischen Vor- und Nachnamenliste steht. Eine 14-fache Mutter aus Oslo hatte versucht, sich erstmals darüber hinwegzusetzen, und musste dafür sogar ins Gefängnis. Den hebräischen Begriff für Brücke, „Gescher", hatte sie ihrem Jungen als Namen geben wollen, weil sie, wie sie sagte, von diesem Namen geträumt hatte. Das Standesamt, lehnte ihn rundweg als illegal ab. Auch die mehrfachen Berufungsversuche der Mutter scheiterten, bis sie schließlich für zwei Tage inhaftiert wurde. Das Kind heißt jedoch weiterhin Gescher.

## Lichtgestalten auf der Schattenseite

§ „Lächerlich!", war der Kommentar eines belgischen Standesbeamten ob des Ansinnens einer Mutter, ihren Sohn Anakin zu nennen – nach der Figur des Anakin Skywalker aus der Weltraum-Saga „Star Wars". Die Mutter drohte sogar mit einem Hungerstreik. Angeblich kannten die Beamten aber weder den Film noch den Hauptdarsteller. Anakin war für sie kein Name, sondern womöglich eine wirre Buchstabenkombination einer noch viel verwirrteren Frau. Gut, hätte man in Belgien zu dieser Zeit bereits den Videorekorder gekannt, hätte man sich die Streifen ja einfach anschauen und dann womöglich

darüber diskutieren können, inwiefern der Name
einer Filmfigur das Leben eines Kindes bereichert,
die sich von einer Lichtgestalt zu einem Antihelden
entwickelt.

Das haben sie wohl nicht getan, denn am Ende gab
die Behörde dem mehr als entschiedenen Drängen
der Eltern nach. Anakin lebt! Gut, dass er nicht
Chewbacca oder R2-D2 heißen muss.

## Bill Clinton abgeschafft

§ Die Namen Bojia und Llanta de Milagro sind in Honduras verboten. Ein Komitee hatte die Abgeordneten des Landes aufgefordert, ein entsprechendes Gesetz zu erlassen. Die Namen sind in einigen Provinzen des Landes übliche Vornamen und bedeuten: Zündkerze und Wunderreifen. Neugeborene nach Autoteilen zu benennen, fanden die Abgeordneten bei genauerem Hinsehen dann wohl doch eigenartig. In einem Aufwasch wurden auch noch gleich die Namen Bill Clinton und Ronald Reagan verboten.

## Erdbeben im Kreißsaal

§ Eine Umweltkatastrophe gab ihm seinen Namen: Ein Ehepaar im indischen Bundesstaat Gujarat hat seinem Sohn, der während eines Erdbebens zur Welt kam, den Namen „Bhukamp" gegeben, was in Hindi Erdbeben bedeutet. Wie eine Zeitung berichtete, hatte der Junge genau zu dem Zeitpunkt das Licht – oder vielmehr die Dunkelheit der Welt – erblickt, als infolge des Erdbebens der Strom auch in der Privatklinik in Ahmedabad ausgefallen war, wo die Frau in ihren Wehen lag.

Bei dem Erdbeben waren mindestens 15 000 Menschen ums Leben gekommen. Von diesem Ausmaß aber hatten Krankenpersonal, die Gebärende und ihr Mann zunächst keine Ahnung.

## Auf immer Weihnachten

§ Ein Mann aus dem US-Bundesstaat Utah mit dem unspektakulären Namen David Porter hat sich umbenennen lassen: In Santa Claus. Ein Bezirksgericht hatte ihm zunächst die Anerkennung verweigert, mit dem Hinweis darauf, der Name könnte eine abschreckende Wirkung auf die Leute haben, die ihm künftig begegneten. Aber das Oberste Gericht des Bundesstaats in Utah bewilligte schließlich sein Ansinnen. Der Name möge nicht besonders schlau sein, aber Mr. Porter habe das Recht, jeden Namen zu wählen, den er haben wolle.
Mr. Porter färbt jeden Monat einmal seine roten Haare weiß und sagt über sich selbst: „Ich habe einen dicken weißen Bart, ein Bäuchlein und eine Brille. Ich sehe ziemlich authentisch aus." Seine Frau nennt ihn Papa, sein Haus ist voller Santa-Claus-Figuren und den Dezember nimmt er sich frei, um auf privaten Nikolausfeiern aufzutreten.
*Glückliches Amerika!*

## Schöne Hure

§ Der Kleine Hintern hat in Italien ausgedient. Nach jahrelangen juristischen Auseinandersetzungen um diskriminierende Namen dürfen sich durch ihren Nachnamen benachteiligte Italiener nun umbenennen lassen. Signor Sederino heißt wörtlich übersetzt Herr Kleiner Hintern. Signor Sederino oder Signora Vacca – Frau Kuh oder auch Frau Hure – dürfen sich nun aber nicht einfach Signore Grandissimo oder Signora Bellezza nennen, sondern die Umbenennung ist geregelt. Aus Sederino wird Denoris und aus Vacca wird Vallas, beide neuen Namen haben im Italienischen keine Bedeutung. Mamas Trottel, der Tontodimamma kann sich in Diman umbenennen lassen und Signore Fallito, der Herr Versager, heißt nun Lellis. Auch die Signori oder Signore Pene (Penis) oder Bastardo haben gute Chancen. Auf einen neuen Namen.

## Mein Nachbar heißt Hitler

§ In Brasilien sind die Vornamen Hitler, Göring oder Eichmann gang und gäbe. Manch einem gefiel einfach der ausländische Klang, es gab aber auch genug Eltern, während und auch noch lange nach dem Zweiten Weltkrieg, die ihren Kindern die Namen aus Überzeugung gaben. Neben Namensungeheuerlichkeiten wie Adolfo Hitler da Silva, Eichmann Ferreira, Stalin oder Mussolini sind aber auch Rommel, Eisenhower, Rambo, Xerox, Goethe, Elvis Presley, Einstein, Rummenigge, Beckenbauer, Hirohito oder Mao-Tse-Tung in Brasilien möglich.

*Den Trägern solcher Namen ist es zum Teil egal, manchen peinlich, vielen aber einfach zu teuer, sich umbenennen zu lassen.*

## Denkmal für einen Massenmörder

Als nun im Jahr 2001 ein arbeitsloser Bauarbeiter seinem Sohn den Namen Osama bin Laden geben wollte, haben das die brasilianischen Behörden dann doch abgelehnt. Der 46-Jährige sagte, er sei begeistert von Bin Laden und hasse die USA. Osama bin

Laden Feliciano de Oliveira Soares hatten sich die
Eltern für ihr Kind vorgestellt – das am 8. September 2001 geboren worden war, drei Tage vor den
Anschlägen auf die New Yorker Twin Towers. Das
Kind würde ein Leben lang unter dem Namen leiden, hatten die Behörden argumentiert – wenn es
denn überhaupt lange gelebt hätte.

## Osama? – Kenne ich nicht!

§ In Arad, in Westrumänien, haben sich die Behörden
ebenfalls geweigert, den Namen Osama bin Laden
für ein neugeborenes Kind anzuerkennen. Die Mutter gehört der Volksgruppe der Sinti und Roma an.
Angeblich habe sie nicht gewusst, wer Osama bin
Laden überhaupt sei, ihr habe nur der Klang des
Namens gefallen.

## Keinen Führerschein – aber heißen wie ein Auto

§ Natalie Elliott aus Seaford in Großbritannien wollte
irgendwie heißen, nachdem sie von ihrem Ehemann
geschieden worden war, nur nicht mehr ihren Mädchennamen Luffman tragen. Zu oft sei sie in ihrer
Jugend gehänselt worden, erklärte die 22-Jährige.
Sie wollte etwas Rassigeres und beschloss, den
Namen ihres Lieblingsautos anzunehmen – Subaru
Impreza. Das Ganze kostete sie 41 Pfund, ihre Familie hält sie für verrückt – aber sie ist mit ihrem
Namen glücklich.

## Verliebt in einen Roboter

§ Wer nun glaubt, so etwas Verrücktes könne es kein zweites Mal geben, hat noch nie etwas von Dan Holmes aus Banbury, Oxfordshire, gehört. Er hat seinen Nachnamen in PlayStation 2 ändern lassen. Der 29 Jahre alte Junggeselle, der PlayStation-Spiele im Wert von 7000 Pfund zu Hause hat, hatte zunächst versucht, sich mit seiner Spielekonsole verheiraten zu lassen, aber kein Pfarrer hatte sich bereit erklärt, seinem Wunsch zu folgen.

## „Ich nix Rothaut, ich Blue Sox"

§ Für Damian Andrews kann man nur hoffen, dass die Halifax Blue Sox nie so richtig abrutschen in der kanadischen Rugby-Liga. Andrews heißt nämlich nicht mehr Andrews, sondern hat sich nach seinem Lieblingsclub benennen lassen. Gehen die Blue Sox nun auf sportliche Talfahrt, der Hohn und Spott seiner Freunde wäre ihm wohl sicher.

## Billy im Bauch

Der eine stellt sich Ikea-Möbel in die Wohnung, der andere legt Ikea jeden Abend in das Kinderbett. Ein schwedisches Ehepaar hat seine Tochter nach dem schwedischen Möbelmarkt benannt. Linda Dagless, eigentlich Norwegerin, kam der Gedanke, als sie schon mit Babybauch beim Blättern in einem Magazin auf eine Ikea-Anzeige stieß. Sie habe den Namen einfach hübsch gefunden. Ein Sprecher des Konzerns erklärte, man fühle sich geehrt durch die Namenwahl des Ehepaars. Wir hätten da noch einen Vorschlag für das nächste Kind: Saab für einen Jungen, ABBA für ein Mädchen.

# Wunderbar verrückte Gesetze aus aller Welt

Nicht zu fassen, aber im Gegensatz zu unserer festen Überzeugung, die nordamerikanische Prärie hinsichtlich ihrer seltsamsten und skurrilsten Gesetzesblüten vollständig abgegrast und all dies fein säuberlich in „Nackt duschen verboten" gepresst zu haben, sind wir erneut fündig geworden. Nein, das Land der unbegrenzten Möglichkeiten und Unmöglichkeiten schlägt bei seinen juristischen Ausgeburten alle Rekorde. Kein Paragrafen-Monster, das noch nicht durch New York, Dallas oder Los Angeles getrieben worden wäre!
Sehen Sie selbst:

§ Im Städtchen mit dem schönen Namen Schulter, in Oklahoma, darf man keine Elefanten mit in die Innenstadt nehmen.
*Wozu auch?*

§ In Texas wird bestraft, wer die Hand an das Euter einer Kuh legt, die ihm nicht gehört.
*Nicht bestraft werden aus Texas stammende Politiker, die ihre Hand an anderer Leute Ölquellen legen.*

§ In Temple, Texas, können Sie mit Ihrem Pferd in den Saloon reiten ...,
*um dort dann die Hand an des Nebenmannes Whiskyglas zu legen. Auch das soll aber schon gelegentlich schiefgegangen sein.*

§ In Temple, Texas, ist es außerdem erlaubt, Viehdiebe auf der Stelle zu hängen.
*Ob das Melken der Kuh des Nachbarn bereits als Viehdiebstahl gilt?*

§ Ein Mann, der sich in Pennsylvania eine Flasche Bier oder ein Schnäpschen kaufen will, muss vorher seine Frau anrufen und diese um Erlaubnis bitten.

§ Tauben ist es strengstens untersagt, in Alabama Kieselsteine von Flachdächern zu picken.
*Hoffentlich wissen die das auch!*

§ In New York ist es sinnvoll, sich einen Wäschetrockner anzuschaffen. Für eine Wäscheleine auf dem Balkon braucht man nämlich eine behördliche Genehmigung.

§ Sonntags darf man sich in Sponkane im Bundesstaat Washington zwar ein Radio kaufen, nicht aber einen Fernseher.

Wer in New Hampshire zu Hause ist, sollte sich gut auskennen mit den Gesetzestexten des Bundesstaats. Hier könnte sogar der Lidschlag unter Strafe stehen. Hier nur eine kleine Auswahl:

§ Flippern am Sonntag ist verboten, ebenso das Essen von Essiggurken.

Vielleicht hat ja mal einer beim Flippern in einer Kneipe aus einem Glas Essiggurken genascht, weil er halt schon ordentlich einen sitzen hatte. Das Glas, das auf dem Flipper stand, ist umgefallen, die saure Flüssigkeit ist in den Metallkasten hineingelaufen und hat ihn gebrauchsunfähig gemacht. Und alles nur, weil der Besoffene am Flipper zur Musik gewippt und so den Holzboden, auf dem der Flipper mit dem Essiggurkenglas stand, in Schwingungen versetzt hat.

Deshalb hat man dann in New Hampshire das Kopfnicken zur Musik und das rhythmische Bewegen der Füße auch gleich mitverboten.

§ Die Bürger von Acworth in Georgia sind gesetzlich dazu verpflichtet, eine Harke zu besitzen.

§ In Schulter, Oklahoma, dürfen Sie eine Softdrink-Flasche nur unter der Aufsicht eines amtlich zugelassenen Ingenieurs öffnen. Offenbar traut man der Bevölkerung im ehemaligen Indianerland immer noch nicht viel Technikverständnis zu.

§ In Allentown, Pennsylvania, müssen Hydranten eine Stunde vor Ausbruch des Feuers kontrolliert werden. Für den Job käme dann wohl nur der Brandstifter in die engere Wahl.

§ Wer darauf scharf ist, in South Carolina in der Kanalisation herumzukriechen, muss sich dafür eine schriftliche Genehmigung der zuständigen Behörde besorgen. Andernfalls wird für dieses seltsame Hobby eine Geldstrafe von bis zu 100 Dollar fällig, oder aber eine Gefängnisstrafe von bis zu 30 Tagen.
*Da stellt sich uns die Frage, was schlimmer ist, Kloake oder Knast.*

§ Das Gesetz von Little Rock im schönen Arkansas verbietet es Hunden, nach 18.00 Uhr zu bellen.

§ Im Gesetz von Kalifornien steht, wer in Los Angeles lebt und ein Flusspferd hält, macht sich strafbar.

§ In West Virginia kann ein Mann seine Cousine nur heiraten, wenn sie unter 55 Jahre alt ist.
*Ganz schön bitter! Wenn sie über 55 Jahre ist, wird der Kreis der potenziellen Heiratskandidaten ohnehin recht überschaubar geworden sein.*

§ In New Mexico kann eine Zeitung, die den Namen einer Person falsch schreibt, mit einer Geldstrafe belegt werden.
*In Deutschland wäre unter diesen Umständen so manch eine Zeitung längst pleite.*

§ In New Orleans, Louisiana, dürfen Sie einen Alligator nicht an den Feuerhydranten binden.
*Ja, wohin denn bitte sonst?*

§ Mit lebenslangem Freiheitsentzug wird bestraft, wer in St. Louis in Missouri in einer Kirche einen Darmwind entweichen lässt.

§ Der Bundesstaat Illinois garantiert Theaterintendanten in Winnetka das Recht, Besucher mit übel riechenden Füßen aus dem Theater zu werfen.
*Das wirft folgende Fragen auf: Ist es in Winnetka Brauch, sich ohne Schuhe ins Theater zu setzen? Wie viele Theater gibt es denn in Winnetka? Tatsächlich hat das Örtchen in der Nähe des Michigan-Sees ganze 12 419 Einwohner und immerhin zwei Theater, das Winnetka Theatre und das Children`s Theatre of Winnetka.*

§ In Vermont ist es verboten, ohne Genehmigung Pferde-Urin zu verkaufen.
*Wer verkauft so was?*

§ In Woodstock bekommt derjenige Probleme mit der Polizei, der seinen Bären auf der Straße spazieren führt und ihn dabei nicht an die Leine nimmt.
*Vermutlich ist das Gesetz vor 43 Jahren entstanden, als Hunderte Festivalbesucher ihre Halluzinationen nicht mehr von der Wirklichkeit unterscheiden konnten.*

§ In Kalifornien wird strenge Moral gewahrt. So ist es in Pasadena streng verboten, dass eine Sekretärin mit ihrem Chef allein im Zimmer ist.
*Die Kalifornier werden schon wissen, warum sie solch ein Gesetz brauchen.*

§ In Lewes, Delaware, ist ein Ehepaar, das wegen einer Mutprobe geheiratet hat, zur Annullierung der Ehe berechtigt.

*Aber jetzt mal unter uns: Ist nicht jede Eheschließung eine Mutprobe?*

Endlich mal ein Gesetz, dass das Leben schöner macht und nicht schwieriger:

§ In North Carolina ist es gesetzlich verboten, falsch zu singen.

§ Wenn in Schottland jemand an Ihre Tür klopft und die Benutzung Ihrer Toilette begehrt, sind Sie gesetzlich verpflichtet, ihm Zutritt zu gewähren. *Hoffentlich haben Sie eine.*

§ Im kanadischen Halifax darf man nicht auf dem Bürgersteig Holz hacken.

§ In British Columbia gilt es als Verbrechen, eine Sitzung des Grashüpferkontrollausschusses zu unterbrechen.

§ Wer die kanadischen Streitkräfte beim Marschieren stört, muss mit einer Geldstrafe von 300 Dollar rechnen.

§ In Kanada sollte man immer ein paar Scheine in der Tasche haben. Es ist nämlich verboten, Artikel, die 50 Cents oder mehr kosten, nur mit Pennys zu bezahlen.

§ In Edmonton, Kanada, hingegen, sollte ein Mann, der ein Bier trinken will, die Gegenwart seiner Frau am besten meiden, vor allem, wenn er in einer Kneipe ist. Es ist ihm nämlich verboten, mit einer Frau in einem Biersalon zu trinken. *Wie langweilig!*

§ Schulbuben von Calgary aufgepasst: Bevor ihr einen Schneeball in die Hand nehmt, was in Calgary, Kanada, häufig genug möglich ist, kontaktiert zuerst den Bürgermeister. Ohne Genehmigung des Stadtoberhaupts geht hier nämlich gar nichts.

§ In den meisten Ländern des Mittleren Osten gilt folgendes Gesetz: Nachdem man mit einem Lamm intim geworden ist, wäre es eine Todsünde, dessen Fleisch zu essen.
*Wäre ja noch schöner, zuerst kuscheln und dann an die Wolle gehen.*

§ Im Libanon ist es Männern gesetzlich erlaubt, mit Tieren Sex zu haben, aber die Tiere müssen weiblich sein. Mit einem männlichen Tier zu verkehren, wird mit dem Tod bestraft.
*Eines sollte dem geneigten Tierschänder klar sein: Wenn man sich den falschen Partner aussucht, kann das mit der Todesstrafe auch gleich vor Ort erledigt werden.*

§ Moslems dürfen Leichen nicht auf die Geschlechtsorgane schauen. Das gilt auch für Totengräber. Deshalb müssen die Genitalien des Dahingeschiedenen zu jeder Zeit mit einem Ziegelstein oder einem Stück Holz bedeckt sein.
*Angesichts der Tatsache, dass der Islam davon ausgeht, dass es ein Leben nach dem Tod gibt, muss man sich die Variante mit dem Ziegelstein als ziemlich schmerzhaft vorstellen.*

§ In Guam gibt es Männer, deren Beruf es ist, im ganzen Land umherzureisen und Jungfrauen zu deflorieren. Die jungen Damen bezahlen die fahrenden Händler tatsächlich für ihren ersten Sex. Der Grund: Nach den Gesetzen dieses Landes ist es Jungfrauen ausdrücklich verboten, zu heiraten.
Übrigens *soll es in diesem Berufsfeld keine personellen Engpässe geben und auch nicht an Facharbeitern mangeln.*

§ In Hongkong darf eine betrogene Ehefrau ihren untreuen Ehemann töten, aber nur, wenn sie das mit bloßen Händen tut.
*Und wehe, sie nimmt ein Nudelholz oder ein Bügeleisen – dann heißt es am Ende noch, sie sei eine schlechte Verliererin.*

§ In Japan gibt es keine Volljährigkeit: Nun ja, ein in der Tat absurdes Gesetz – zumal es in dieser Form gar nicht existiert. Das hat man nun davon, wenn man ständig rohen Fisch isst und gebrauchte Damenslips im Internet bestellt: Die Welt traut einem alles zu. In Wahrheit werden Japaner mit 20 Jahren volljährig und voll geschäftsfähig. Allerdings ist laut japanischer Verfassung die geschlechtliche Volljährigkeit schon mit 13 Jahren erreicht. Hier haben einzelne regionale Präfekturen jedoch schon gehandelt und die Volljährigkeit deutlich nach hinten gesetzt.

§ In Viktoria, Australien, ist es ein Vergehen, am Sonntagnachmittag rosafarbene Hot Pants zu tragen.
*Wir finden, rosa Hot Pants sollten immer, zu jeder Tages und Jahreszeit verboten sein!*

§ In Cali, Kolumbien, darf eine Frau nur mit ihrem Mann Sex haben. So weit, so gut. Erschwerend kommt allerdings hinzu, dass beim ersten Mal die Mutter der Frau mit im Zimmer sein muss, um den Akt zu bezeugen.
*Da drängt sich doch die Frage auf, ob der Sex in Kolumbien nicht überbewertet wird. Wenn man sich nun vorstellt, eine derartige Regelung würde hierzulande gelten, kann man davon ausgehen, dass sich viele Leute in ihrer Freizeit mit anderen Dingen beschäftigen würden und es unendlich viele Jungfrauen gäbe.*

§ Ein Mann, der gleichzeitig mit einer Mutter und ihrer Tochter im Bett ist, verstößt im bolivianischen Santa Cruz gegen das Gesetz.
*Scheinbar war diese Sitte in Bolivien weit verbreitet und zudem noch ein Problem, sonst wäre dieses Gesetz ja wohl nicht nötig geworden.*

§ Der Sonntag offenbart auch in Holland einen speziellen Regelungsbedarf, hier geht es um den Umgang mit Alkohol. In den Niederlanden ist es verboten, Bier und Wein am Sonntag zu verkaufen, alkoholische Mixgetränke aber kann man durchaus erwerben.
*Zur Begriffsklärung hilft ein Blick ins deutsche Weingesetz.*

§ Es ist illegal, Pferden zur Unterhaltung ein Bein zu stellen.
*Wer es schon einmal versucht hat, weiß ziemlich genau, auf wessen Seite da vermutlich die Unterhaltung zu finden ist.*

# Realsatiren aus zeitgenössischen Gerichtssälen

**Warum ich mein Haus
nicht verlosen darf,
warum ich mein Haus
nicht verlosen darf,
warum ich mein Haus
nicht verlosen darf ...**

Wenn man sich überlegt, welche Tatbestände in unserem Rechtsstaat mit einer Freiheitsstrafe geahndet werden – darunter solch unbedeutende Kleinigkeiten wie Vorbereitung eines Angriffskriegs, Mord, Totschlag, Menschenraub, Brandstiftung oder das Herbeiführen einer Explosion durch Kernenergie –, dann bleibt einem nur, den Kopf zu schütteln, ob des Urteils, das das Münchner Landgericht über einen Münchner Bankkaufmann fällte. Dieser wollte eigentlich nur sein Haus verkaufen.
Die Staatsanwältin plädierte für zwei Jahre und zehn Monate Haft. Was war passiert?

Der 53-jährige Mann hatte von seinem verstorbenen Vater ein Haus geerbt, das er aber nicht halten konnte. Also inserierte er das Haus in einem schönen Münchner Vorort im Internet. Als er mit seinem Inserat keinen Erfolg hatte, gebar er die Idee, das Haus zu verlosen. 48 000 Lose wollte er verkaufen, der glückliche Gewinner hätte für 19 Euro ein Haus im Wert von mehr als einer halben Million bekommen – und der Bankkaufmann wäre alle Probleme losgeworden.

Nichts da, urteilten die Behörden, nicht in Deutschland, wo nur der Staat Glücksspiele veranstalten darf, weil ja auch nur er die Suchtgefahr im Griff hat. Also versuchte es der clevere Bankkaufmann auf eine neue Art. Jetzt wollte er ein Internet-Ratespiel veranstalten, kein Glücksspiel also. In der letzten

Runde sollten die 100 letzten Teilnehmer ein öffentliches Ratespiel überstehen, jeder hätte einen Preis bekommen sollen, dem Besten winkte als Preis das Haus.

Der Staat schritt wieder ein, stoppte das Spiel. Wer bisher schon mitgemacht hatte, verlor sein Geld, ein Zurück gab es nicht, der Bankkaufmann hatte das meiste bereits ausgegeben – für den verantwortlichen Richter „die klassische Betrugsvariante". Hätte sich aber keine Behörde eingemischt, wäre es so weit aber wohl kaum gekommen.
In Österreich und anderen europäischen Staaten ist eine solche Hausverlosung übrigens erlaubt.

## Leiche ohne Benimm

§ Leichen ist es gesetzlich vorgeschrieben, innerhalb von 30 Jahren zu verwesen.

Weil seine Frau sich einen bestimmten Grabstein gewünscht hatte, hat ein Witwer aus Lüneburg Ärger mit dem Gericht bekommen. Weil die Platte zu groß sei und das Grab luftdicht abdecke, werde der Verwesungsprozess der Leiche behindert. Sie werde zehn Jahre mehr benötigen, um dem Gesetz zu genügen, so die Richter des Oberverwaltungsgerichts Oldenburg. Dem Witwer blieb nichts anderes übrig, als die Grabplatte zu entfernen.

## Anwalts-un-wesen

§ In Catan, Klaus Teubners wunderbarer Brettspiel-Welt „Die Siedler von Catan" wird getauscht und gehandelt, was das Zeug hält. Wer auf den gefragtesten Rohstoffen sitzt, hat am Ende gewonnen. *In der Welt des digitalen Handels ist das nicht ganz so einfach. Da geht es allzu oft ums Kleingedruckte – und genau das hat eine Frau aus Heilbronn missachtet. Sie hatte Kinderkleider bei E-Bay verkauft. Vermutlich ging es ihr vor allem darum, einfach Platz im Kinderschrank zu schaffen und die Klamotten gegen ein bisschen Geld zu tauschen. Da aber hatte sie nicht mit der Findigkeit eines Anwalts gerechnet, der sich offenbar auf die Regeln des Online-Verkaufs spezialisiert hatte. Er schickte ihr nämlich eine Abmahnung, weil sie keine Widerrufsbelehrung in ihre Verkaufsanzeige hineingeschrieben hatte.*

Die Erlangerin schrieb daraufhin dem Anwalt einen freundlichen Brief, weil sie das Ganze für ein Versehen hielt – stattdessen hätte sie sich aber besser schnell selbst einen Anwalt genommen. Der Anwalt antwortete nämlich mit einer einstweiligen Verfügung und das Gericht folgte der Einschätzung auch noch. Statt 30 Euro Gewinn verzeichnete die Mutter 3000 Euro Verlust, für Anwalts- und Gerichtskosten. Schafft auch Platz im Schrank, weil das Geld für neue Kinderkleider fehlt. Unangemessen!

## Halber Hengst

§ In Nordrhein-Westfalen hat sich die folgende Geschichte abgespielt: Ein Mann kaufte einen Araberhengst, ließ ihn kastrieren und forderte sechs Monate später wegen gesundheitlicher Mängel des Pferdes die Rückabwicklung des Kaufes. Tatsächlich urteilte ein Gericht, die Verkäuferin habe das Tier – bei dem ein Ekzem aufgetreten war, das möglicherweise schon vor dem Verkauf bestanden hatte, zurückzunehmen. Allerdings bekam sie keinen Hengst zurück, sondern einen Wallach. Für die Richter war klar: Kastriert ist der Vierbeiner nicht schlechter als unkastriert. Das gilt aber nur für Pferde!

## Teuflische Zwiegespräche

Der Brandner Kasper hat es vorgemacht, wie man es mit Gesellen aus der Unterwelt treiben muss, damit sie es nicht selbst böse mit einem treiben. Mit der nötigen Respektlosigkeit nämlich. Dem Gevatter Tod ein Schnäpschen verabreichen oder auch zwei – und schon lässt er mit sich reden.

Die katholischen Bischöfe machen es sich ungleich schwerer. Bei einer Konferenz der kirchlichen Würdenträger in Italien wurde der angemessene Umgang mit Satan diskutiert. Soll man also nun im Rahmen einer Teufelsaustreibung den dunklen Gesellen in der Landessprache anreden, also vielleicht mit Signore Diavolo? Oder versteht der Seelenräuber nur Latein? Immerhin gibt es ihn ja schon ein paar Jahre, also stammt sein Sprachschatz vielleicht aus den Zeiten römischer Weltherrschaft. Faszinierend war aber auch die Debatte der obersten Glaubenshüter über die passende Höflichkeitsform. Ist eher ein „Sie" Luzifer angebracht oder ein „Du"? Vielleicht hätten sie auch noch festlegen sollen, ob die Anrede groß oder klein geschrieben werden soll, falls sie ihm mal einen Brief schreiben wollen …

## Teuflische Einflüsse

Die Skurrilität der klerikalen Debatte relativiert sich allerdings erschreckend, wenn man erfahren muss, dass sich 500 000 Italiener allein im Jahr nach dem Millennium tatsächlich einer Teufelsaustreibung unterzogen haben. 75 Prozent der Italiener glauben einer Umfrage aus dem Jahr 2001 zufolge tatsächlich daran, dass der Teufel ihr tagtägliches Leben beeinflusse.
*Na, hoffentlich haben sie sich schon mal Gedanken darüber gemacht, wie sie ihn möglichst unterwürfig darum bitten, sie in Ruhe zu lassen, ohne ihn dabei mit unflätiger Ausdrucksweise zu verärgern.*

## Teuflische Machenschaften

„Wo man singt, da lass dich ruhig nieder, böse Menschen haben keine Lieder", heißt es im Volkslied. Möglicherweise hatte also Luzifer auch bei folgendem Falle seine Finger im Spiel. Einer Metallarbeiterin aus Ghana jedenfalls wurde der Job bei einer Firma in Bergamo gekündigt, weil sie bei der Arbeit sang. Sie bekam zwar nachträglich eine Abfindung von 6 Monatsgehältern zugesprochen, wurde aber nicht wieder eingestellt, obwohl sie zuvor 17 Jahre lang in dem norditalienischen Betrieb tätig gewesen war. *Teuflisch!*

## Armdrücken

Streitbeilegung einmal anders: Statt eine Menge Geld in Anwälte zu investieren, entschieden die Leiter zweier kleiner Mobilfunkunternehmen in Neuseeland, ihren Streit um den Zugang zum Mobilfunknetz mit einer Partie Armdrücken auszutragen.

## Gekennzeichnet

„Verurteilte Ladendiebin". Das steht laut richterlichem Urteil auf einem Abzeichen, dass eine Amerikanerin ein Jahr lang beim Einkaufen tragen muss. Verdonnert wurde sie dazu in Lebenan, im Staat Pensylvania, damit die Ladenbesitzer gleich erkennen, wen sie vor sich haben, wenn die Frau einen Laden betritt, sagte der zuständige Richter. Die Diebin hatte zuvor den Raub von Kosmetika im Wert von 66 US-Dollar gestanden.

## Brust oder Brüstchen

Ein dänisches Gericht hatte zunächst einer Stripperin Recht gegeben, die die Kosten einer Brustvergrößerung von der Steuer abgesetzt hatte. Das Finanzamt hatte die Investition in die Körpermaße in der Steuererklärung akzeptiert. Die Brustvergrößerung sei unerlässlich für ihren Beruf. An höherer Stelle nahm man die Erlaubnis dann allerdings wieder zurück.
*Geschmackssache vermutlich.*

## Falsche Adresse

In Rumänien wurde eine Ehe geschieden, weil der Ehemann sich dumm angestellt hatte. Sein Seitensprung wohnt nämlich im gleichen Haus wie seine Ehefrau – was für ein dummer Fehler. Als ihn die Geliebte eines Nachts hinausschickte, um den Müll wegzubringen, irrte er sich beim Rückweg in der Tür und stand plötzlich vor seiner Ehefrau, die ihn auf Geschäftsreise vermutet hatte.

# Ikea-Elch

Der Bezirk Småland ist ja eigentlich bekannt für die Abenteuer des kleinen Michel aus Lönneberga. Diesmal aber hatte eine Elchkuh im mittelschwedischen Bezirk für Aufregung gesorgt. Sie hatte einen weißen Plastikstuhl in ihrem Geweih. Vielleicht war sie ja ein rechter IKEA-Fan, vielleicht aber hat sie auch einfach beim Fressen von Äpfeln in einem Garten den Stuhl aufgespießt. Die schwedischen Forst-Behörden haben jedenfalls den Abschuss der Kuh angeordnet – nicht weil die Kuh mit dem Stuhlgeweih gefährlich war, sondern weil man davon ausgehen musste, dass ihr der auf dem Kopf verhakte Stuhl Kopfschmerzen verursachte.

# Beleidigte Blondine

Oh Mann. Eine Blondine zu sein ist keine Beleidigung. Eine Blondine ist für so manchen Mann die Erfüllung all seiner Träume. Und es ist für einen Mann auch keine Beleidigung, mit einer Blondine verglichen zu werden, urteilte der Europäische Gerichtshof für Menschenrechte.
*Eigentlich sollte diese Institution sich doch eher mit Menschenrechtsverletzungen existenzieller Art auseinandersetzen ...*

Jedenfalls hatte ein serbischer Jurist, dem man den Spitznamen Blonder verpasst hatte, gegen einen Journalisten geklagt, der ihn in der Zeitung Kikindske verspottet hatte: nicht nur per Wort, sondern auch mit dem Foto einer Blondine in Unterwäsche. Der Zeitungsmann war zunächst in Serbien wegen Beleidigung verurteilt worden, hatte dann aber dagegen Beschwerde eingelegt und von den Europarichtern Recht bekommen.

## Später Triumph

Das nennt man mal einen gewerkschaftlichen Erfolg. Die Mitglieder von Transnet oder der Pilotenvereinigung Cockpit würden keinen Fuß mehr in den Führerstand eines Interregio oder das Cockpit einer Boeing setzen, wenn ihnen das passieren würde, was die Laternenanzünder der Stadt Norwich in den vergangenen zweieinhalb Jahrhunderten erdulden mussten. 236 Jahre nämlich hat es gedauert, bis die Energiegesellschaft British Gas einer Forderung ihrer Angestellten nachgekommen war.

Man schrieb das Jahr 1765, als die Gewerkschaft der Lampenanzünder einen Feiertagszuschlag für das Lampenanzünden an Weihnachten forderte. Einen viertel Penny hatten die Lampenanzünder der Stadt Norwich in einem Schreiben verlangt, das ein Gewerkschaftsfunktionär im Jahr 1991 wieder entdeckte.

Er legte es der British Gas vor – und die zahlten tatsächlich fortan einen Zuschlag. Allerdings nicht von einem Viertel Penny, sondern von satten vier Pfund oder 6,40 Euro – inflationsbereinigt. Die sechs Laternenanzünder, die es noch gibt, tun Dienst vor dem Buckingham-Palast, der Westminster-Abtei und einigen anderen historischen Stätten in London. Das Schreiben der Laternenanzünder aus dem 18. Jahrhundert war übrigens in Reimform gehalten, auch das unterscheidet die Haltung der damaligen Gewerkschaftsmitglieder von den heutigen.

# Kurioses aus dem Polizeibericht

Wer als Journalist mit den Rohfassungen dessen zu tun hat, was später in mehr oder weniger geschliffener Form als Polizeimeldung den Weg in die Zeitung findet, bricht gelegentlich auch dann beim ersten Lesen ins Lachen aus, wenn der Inhalt der Meldung eigentlich gar nicht dazu geeignet ist, den Leser zu erheitern. So manch ein Beamtenanwärter hat sich schon die Finger an der Tastatur gebrochen, bei seinem Versuch, einen ganz schlichten Sachverhalt in höchst bürokratisch korrekte Worte zu fassen. Und so liest sich das Ganze denn auch.

## Sensationeller Polizeierfolg!

Es gibt aber auch Polizeimeldungen, die Sie ganz ohne amtsdeutsche Begriffsvergewaltigung zum Schmunzeln bringen. So die Geschichte über einen gefährlichen Polizeieinsatz im Landratsamt München. Ein Zeuge meldete Gestalten, die mit Taschenlampen in dem Bau unterwegs seien, woraufhin 21 gestandene Polizisten das Gebäude umstellten, sich Zugang verschafften und die angeblichen Einbrecher schließlich festnahmen. Sie hatten einen großen Fang gemacht: eine Putzkolonne.

## Ehrlichkeit lohnt sich nicht

In manchen Ländern und Staaten war es lange oder ist es heute immer noch verboten, homosexuell zu sein. In einem solchen Staat also würde ein entsprechendes Outing auf jeden Fall ganz schnell ins Gefängnis führen. Dass es ihr aber in Deutschland auch so ergehen könnte, hatte eine Frau aus der Nähe von München sicher nicht erwartet. Sie erklärte in einer Fernsehsendung, sie sei lesbisch veranlagt. Ihr Verhängnis. Ein Polizeibeamter näm-

lich, der Jahre zuvor gegen sie ermittelt hatte, sah
die Sendung und erinnerte sich daran, dass damals
der Verdacht auf Scheinehe bestanden hatte ...
vermutlich mit einem Mann.

## Verirrter Pinkler

In den bayerischen Wäldern kann man sich schon
mal verlaufen. Das musste ein Autofahrer aus Tschechien erfahren, der an einem frühen Samstagabend
auf einem Polizeirevier im Münchner Umland auftauchte, zu Fuß, völlig am Ende und „mit einem vierstündigen Marsch in den Beinen". Die Reifen seines
Autos hatten sich im Matsch eines Waldwegs festgefahren – und dabei hatte er doch nur ein sichtgeschütztes Plätzchen gesucht, an dem er sich erleichtern konnte. Als er sich zu Fuß auf die Suche nach
Hilfe machte, verlief er sich hoffnungslos.

Spaziergänger, denen er unterwegs begegnete,
brachten ihn schließlich zur Polizei, nicht ohne vorher selbst auf die Suche nach dem Wagen gegangen
zu sein. Ebenfalls vergeblich. Der junge Mann musste
schließlich die Nacht in einem Münchner Männerwohnheim verbringen. Seine besorgte Ehefrau reiste
aus Prag an – erst irgendwann danach wurden die
Beamten der Einsatzhundertschaft fündig: in der
Nähe einer Kapelle im Wald. Vielleicht hätte ein
kleines Gebet an der rechten Stelle ja geholfen.

## Wütende Wildsau

Natürlich kann man sich in Bayerns Wäldern verlaufen wie soeben erfahren; normalerweise aber ist
es kein Problem, unbeschadet wieder herauszufinden. Eine ganz andere Erfahrung aber hat ein Mann

aus München gemacht. Er hatte nämlich in einem Forstgebiet im Münchner Süden nicht nur die Orientierung verloren – in der Früh um halb fünf Uhr –, sondern hatte sich dann auch noch plötzlich Auge in Auge mit einer aufgebrachten Wildsau wiedergefunden. Warum das Tier so wütend auf den Münchner war, ist ungeklärt, jedenfalls begann es dem erschreckten Mann in offenbar wenig freundlicher Absicht nachzulaufen, jagte ihn auf einen Stapel Baumstämme und machte keine Anstalten, sich wieder zu entfernen.

Erst eine Stunde später konnte der in Tränen aufgelöste Mann einen vorbeifahrenden Radler um Hilfe bitten. Der verständigte die Einsatzzentrale des Polizeipräsidiums und suchte selbst sicherheitshalber das Weite. Das tat dann auch die Wildsau, aber erst, als zwei Streifenfahrzeuge der Polizei im Wald auftauchten.

## Peinliche Verwechslung

In der lettischen Stadt Jelgava haben Polizisten aus Versehen eine Frau betäubt, obwohl sie es eigentlich auf einen Hund abgesehen hatten. Sie hatten den herrenlosen Hund zuerst anzulocken versucht und anschließend mit einer Betäubungsnadel geschossen. Der Vierbeiner aber wich aus und die Patrone traf eine Passantin. Die Frau wurde dann, tief schlafend, ins Krankenhaus gebracht. Der Hund ging doch noch in die Falle, und die Frau wachte auch wieder auf.

## Nackt duschen – nicht ratsam

Nicht Wildsau, sondern ziemliches Schwein hatte wohl ein Mann aus Schweden. Er war bei mehr als minus 20 Grad mit seinem Auto in einer Schneewehe stecken geblieben – und zwar nackt. Die Polizei befreite ihn und verschaffte dem Unglücklichen erst einmal eine warme Decke.
Der Mann outete sich nicht etwa als Exhibitionist, sondern erzählte, dass er aus dem Haus seines Bekannten ausgesperrt worden war, während er in einem nebenstehenden Schuppen geduscht hatte. Weil er den Bekannten nicht dazu bewegen konnte, die Tür wieder zu öffnen, machte er sich, so wie er war, auf den Weg nach Hause, in seinen 200 Kilometer entfernten Heimatort.
*Fragt sich nur, wo er seinen Autoschlüssel beim Duschen untergebracht hatte.*

## Schnäpschen zur Unzeit

Es muss ein sehr dringendes Bedürfnis gewesen sein, das einen Einbrecher verleitet hat, in eine Schreinerwerkstatt im kleinen Ort Baierbrunn bei München einzubrechen und dort einige Rollen Toilettenpapier mitgehen zu lassen. Die Zeit hatte ihm aber noch gereicht, ein paar Schluck aus einer Schnapsflasche zu nehmen. Offenbar war dieses Getränk so lecker, dass der Täter noch zwei weitere Male in die Werkstatt einstieg, ohne irgendetwas zu entwenden.
Noch skurriler erscheint die Geschichte, wenn man weiß, dass sie 1999 passierte und die Polizei den Täter, einen 43 Jahre alten Arbeitslosen, erst 5 Jahre später gefunden hat – identifiziert anhand seiner Fingerabdrücke auf der Schnapsflasche.

## Fleischbeilage

Eklig ist gar kein Ausdruck! Eine Schülerin an einer High School im US-Staat Massachusetts, die gerade mit Appetit in ihr Kantinen-Sandwich beißen wollte, erlebte dabei eine mehr als unangenehme Überraschung. Das Stückchen Fleisch, das in das Sandwich nicht hineingehörte, sich aber plötzlich zwischen ihren Zähnen befand, war ein menschlicher Daumen. Eine Kantinenangestellte hatte sich, wie sich später herausstellte, einige Tage zuvor den Daumen mit dem Gemüseschneider abgeschnitten. *Iiigittt!*

## Unfreiwillige Selbstanzeige!

Man hätte deutlich mehr als die gemessenen 0,92 Promille bei einem 69-Jährigen vermuten können, der an einem Dienstagmorgen zu Fuß in eine Polizeidienststelle in Bayern kam. Hingefahren war er noch mit seinem Auto und mit dem festen Willen, Anzeige zu erstatten. Das hätte er sich aber lieber mal überlegen sollen, denn die Beamten bemerkten bei dem Mann einen so starken Alkoholgeruch, dass sie ihn kontrollierten. Sein Auto behielten sie daraufhin gleich da, und wegen der Anzeige musste er ohnehin noch einmal wiederkommen: Von alkoholisierten Personen werden nämlich keine Anzeigen angenommen.

# Warum der bayerische König neben seinem Bier auch seine Untertanen braucht

In der guten alten Zeit, als es noch gemütlicher zuging, als es im Winter noch richtig schneite, und zwar genau am 24. Dezember, wenn man's halt brauchen konnte, als die Frauen noch wussten, wo sie hingehörten, nach Hause nämlich, hinter den Herd und zu ihren Kindern – weder Patchwork-Familie, Selbstverwirklichung noch Scheidungsrate oder Kitaplatz. – Als dies alles noch so war und alles seine Ordnung hatte, da waren die Sitten zwar rau, aber allseits gültig. Am Sonntag ging man in die Kirche, und das Bier war noch billig ...

## X Merkel – go home

Diese streng konservative Geisteshaltung fand ihren Ausdruck in der Verfassung des Königreichs Bayern vom 1. Mai 1808, in der gleich zu Beginn zu lesen stand:

§ Die Prinzessinnen sind auf immer von der Regierung ausgeschlossen und bleiben es von der Erbfolge so lange, als noch ein männlicher Sprosse des regierenden Hauses vorhanden ist.

§ Nach gänzlicher Erlöschung des Mannesstammes fällt die Erbschaft auf die Töchter und ihre männliche Nachkommenschaft.

Also: nichts mit Selbstverwirklichung und Hosenanzug. Selbst die ersten Damen im Staate hatten damals zu warten, bis sie an der Reihe waren, also ewig. Schon klar, dass so manch moderner Lederhosenträger alles dafür gäbe, wenn er das Rad der Zeit zurückdrehen könnte und all die Angela Merkels, Kristina Schröders und Ursula von der Leyens an ihrer Herdplatte festketten könnte. Und dann führen die genannten Damen ja auch noch im Bund das große Wort, wo die Bayern nichts zu sagen haben, sondern letzten Endes tun müssen, was dort gesagt wird. Was den Bayern also per se ein Dorn im Auge ist. Einen Trost für Bayern immerhin haben wir auf Lager: Die männliche Nachkommenschaft der genannten Damen ist ganze zwei Köpfe stark, und das, obwohl Frau von der Leyen sich sehr angestrengt und allein sieben Kinder zu bieten hat.

# Von der Notwendigkeit des Bieres

Dass der Bayer zu genießen weiß und den Freuden des Daseins nicht abgeneigt ist, das ist hinlänglich bekannt. Vor allem der Gerstensaft hat es ihm angetan und der Genuss desselben ist ihm in Jahrhunderten der Gewohnheit genussvolle Tradition geworden.
Und so haben wir in einem Handbuch zum Brauwesen, Branntweinbrennen und dem Malzaufschlag im Königreiche Bayern folgende Verordnung zum „Biereinlegen" aus dem Jahre 1783 gefunden:

§ Ein Fässel zum häuslichen Gebrauch einzulagern, ist Jedermann erlaubt.
*Als hätten sie es geahnt, dass fast 130 Jahre später die Erhöhung des Bierpreises um zwei Pfennige im oberbayerischen Dorfen zu einem regelrechten Bierkrieg führen würde, in dem wütende Knechte und Handwerksburschen mehrere Gasthäuser in Schutt und Asche legten. Vermutlich hätte im Jahre 1783 die sofortige Einführung des Matriarchats die Gemüter weniger erregt als ein Verbot des häuslichen Biergenusses – wobei dabei für die Herren im Lande Bayern das Ergebnis möglicherweise das Gleiche bedeutet hätte.*

## Von Hopfen und Malz – der König erhalt's

Weil nun der bayerische Staat um das innerste Verlangen seiner Untertanen wusste und wie er am besten Profit daraus schlagen konnte, führte er trotz aller möglichen Befürchtungen im Mai 1868 das „Königlich bayerische Gesetz über den Malzaufschlag" ein.

§ Seine Majestät der König haben nach Vernehmung Allerhöchst Ihres Staatsrates mit Beirat und Zustimmung der Reichsräthe und der Kammer der Abgeordneten beschlossen und verordnen wie folgt:

§ Vom Malze wird eine besondere Steuer, der Malzaufschlag, erhoben.

§ Unter Malz wird alles künstlich zum Reifen gebrachte Getreide verstanden.

§ Steuerbar wird das Malz, sobald es für den Zweck der Erzeugung von Bier, Branntwein und anderen Spirituosen, von Essig oder Hefe (Germ) zum Brechen zur Mühle gelangt; das Getreide, sobald es zum Zwecke der Erzeugung von Branntwein und anderen Spirituosen, von Essig oder Hefe zur Bearbeitung als Grünmalz an den Betriebsort gelangt. *Schön, dass wenigstens das Malz noch steuerbar ist, wenn es an seinem Bestimmungsort angelangt ist, da geht's ihm besser als manch einem, der zu viel von all dem genossen hat, worum es hier geht.*

Haben Sie's bemerkt? Was hier wortreich beschrieben und ausgeführt wird, ist nichts anderes als eine Biersteuer. 1806 war die neue Abgabe in Alt-Bayern eingeführt worden und wurde danach auf alle anderen bayerischen Landesteile ausgedehnt. Ab 1819 wurde die Biersteuer, die die Brauer zu zahlen hatten, vor allem zur Tilgung und Verzinsung der Staatsschuld verwendet. Bis 1913 war der Anteil der Biersteuer an den gesamten Staatssteuern Bayerns auf 35,8 Prozent angewachsen!

Nun gibt es die Biersteuer ja heute immer noch, und weil sie genau wie die Mineralölsteuer eine Verbrauchssteuer ist, stünden ihre Erträge eigentlich dem Bund zu. Die Bayern aber – wer sonst? – haben durchgesetzt, dass die Biersteuer den Ländern zugesprochen wurde. Im Freistaat wird sich das vermutlich auch lohnen.

## Vom Rausch, und wo er herkommt

Übrigens wusste man auch schon in jenen Zeiten ganz offensichtlich Bescheid über den Rausch und seine Ursachen, anscheinend hat die Mär von dem einen, schlechten Bier unter den sechs oder sieben genossenen ihre Wurzeln weit in der Vergangenheit. So heißt es in einer Verordnung von 1811 über „Ungesundes Bier":

§ Wenn irgendein Bier Ingredienzien in sich enthält, welche der menschlichen Gesundheit offenbar schädlich sind, so ist es ohne weiteres durch Auslassung zu vernichten, vorbehaltlich der Strafen, welche das Strafgesetzbuch darüber verordnet. *Auslassen wohlgemerkt! Nicht austrinken!!*

## Zum Saufen gezwungen

Ach ja: Sollte sich einer, der mit ein paar Maßen (Litern) zu viel und besoffen wie ein Wagscheitel nach Hause kommt, darauf hinauszureden versuchen, es habe ihn einer gezwungen, zu trinken, dann wissen Sie's jetzt besser! Der Bierzwang wurde schon im September 1800 abgeschafft, und zwar:

§ Alle Art von Abnahmezwang bei allen Gattungen Bieres in Bayern, er mag auf dem Lande, in Städten und Märkten, aus dem Grunde der Grundherrlichkeit oder Gerichtsbarkeit, aus irgendeinem so genannten Privilegium oder einem vermeintlichen jure prohibenti bestanden haben, wird vom künftigen Sudjahre, v. i. von dem 29. September 1800 anfangend, die so genannten Märzbierlosungen aber schon für dermal hiemit für ewige Zeiten förmlich aufgehoben.

## Bier nur im Winter

§ Der Verkauf des Märzenbieres vor dem Monat Mai und eines so genannten stärkeren Bieres um einen die gesetzliche Taxe überschreitenden Preis ist auf das Schärfeste verboten.

Die heutigen Oktoberfestwirte würden sich schön bedanken, wenn ihnen einer derart in ihre Preispolitik hineinreden würde. Nun muss man dazu wissen, dass mit der Einführung der bayerischen Brauordnung im Jahr 1516 überhaupt nur zwischen dem 29. September und dem 23. April gebraut werden durfte. Im Sommer war die Brandgefahr zu hoch.

Weil aber die Zeit zwischen April und Oktober ohne den geliebten Gerstensaft lang werden konnte, mussten Stammwürze und Alkohol erhöht werden, damit sich das Bier auch über die Sommermonate hielt. Kühlschränke gab es ja keine, weshalb tiefe Felsenkeller gesucht waren, die nach Möglichkeit mit Natureis bestückt wurden. Da sich nun dieses Eis etwa bis März im Keller unter den Felsen hielt, entstand der Name Märzen-Bier. Wenn dann endlich wieder gebraut werden durfte, feierte man das Oktoberfest, bei dem die letzten Märzen-Vorräte unter die Leute gebracht wurden – weshalb in England und USA das Oktoberfestbier heute noch Märzen genannt wird.

Von „Light" im Bier hält der echte Bajuware „nix'n"!

§ Wer ein Bier verleit gibt, das die Kraft und den Gehalt nicht hat, welche es haben sollte, wenn dasselbe die vorgeschriebene quantitative Größe der Ingredienzien am Malz und Hopfen in sich enthielte, soll unnachsichtlich mit einer Strafe von sechs Pfennigen für jede Maß, welche das Gefäß enthielt, aus welchem dieses als zu schwach erkannte Bier entnommen wurde, belegt werden.

# X Schluss

Falls Sie bei der Lektüre dieses Büchleins zu einem niederschmetternden Ergebnis kommen, müssen wir Ihnen Recht geben. Ja, tatsächlich: Alles ist verboten! Zumindest alles, was mit den Freuden des Lebens zu tun hat. Beinahe könnte man vermuten, dass griesgrämige und lustfeindliche Kardinäle der Katholischen Kirche hinter dem Paragrafen-Dschungel stecken und erfolgreich die Macheten verbergen, mit denen ganz normale Menschen sich eine luftige Schneise ins wirkliche Leben schlagen könnten.

Und der Rest? Das wenige, das nicht verboten ist? Das ist normiert, in das Korsett von Regeln, Normen, Direktiven und in Ausführungsbestimmungen gezwängt. Auf dass ja niemand auf den Gedanken verfallen könnte, sich Freiheiten zu nehmen.

Wir leben in Demokratien, in freien Gesellschaften? Lächerlich. Jeder ist seines eigenen Glückes Schmied? Noch lächerlicher. Der Jurist und Gesetzgeber sind unsere Schmiede – und die legen uns in Ketten!